Die Ernst-Engel-Presse 1921–1995
Geschichte und Bibliographie einer deutschen Privat-Presse

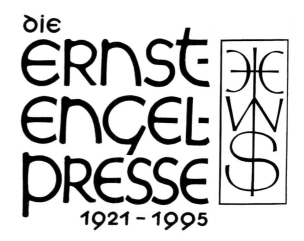

die ERNST-ENGEL-PRESSE
1921 – 1995

Geschichte und Bibliographie einer
deutschen Privat-Presse

KATALOG
zur Jubiläums-Ausstellung in der Württembergischen Landesbibliothek
in Stuttgart vom 13. September bis 28. Oktober 1995

Der Drucker Ernst Engel und die Offenbacher Schule

Der unverkennbare »Offenbacher« Stil galt in der Buchkunst seit der Jahrhundertwende. Die Namen der an seiner Entstehung beteiligten Künstler sind lebendig geblieben; es waren vor allem Ehmcke, Eckmann, Behrens, Hupp, Vogeler, Tiemann und Koch. Der Mittelpunkt ihrer Tätigkeit war die Schriftgießerei der Gebrüder Klingspor, und sie wirkten durch die Schriftentwürfe und buchgrafischen Arbeiten, womit sie Dr. Karl Klingspor seinem Hause verband. Sie gaben ihren Schöpfungen zumeist auch ihren Namen mit, und sie standen deshalb der Öffentlichkeit näher als viele unbekannte Werkhelfer, derer sie unabdingbar bedurften und deren künstlerische Leistungen gewiß oft ebenbürtig gewesen sind. Neben den Schriftgießereien sind es vor allem die Schriftschneider, welche mit Stahlgravur oder Bleischnitt den manchmal nur skizzenhaften Schriftentwürfen ins Leben verhalfen, oder auch die Schriftsetzer, die mit sicherem Einfühlungsvermögen und durch die eigenschöpferische Gestaltung der Anwendungen aus den gegossenen Schrifttypen die Werkzeuge des neuen Stils machten, der von England, Wien und München ausging und in der Nachfolge reformerischen Geistes in Offenbach eine unverwechselbare Ausprägung erhalten hat.

Ein Stil bleibt dadurch lebendig, daß sich bedeutende Lehrer seiner bemächtigen, um ihn weiterzugeben, und daß aufnahmebereite Schüler sich ihm überlassen und zu ihm bekennen. Wenn man in Offenbach der Sache auf den Grund geht, stößt man immer wieder auf den bekannten Namen des Schreibmeisters Rudolf Koch und den weniger bekannten, doch nicht minder bedeutenden von Ernst Engel, dem Buchdrucker.

Rudolf Koch und Ernst Engel ergänzten sich glücklich in ihren künstlerischen und handwerklichen Absichten; die nachher beschriebenen Handpressendrucke sind dafür die besten Zeugen. Beide waren großartige Lehrer und Anreger; der Umfang ihrer persönlichkeitsbildenden Wirkung ist schwer zu ermessen. Eine stattliche Reihe führender Namen des Buchwesens verdankt ihren Glanz eben jener »Offenbacher Schule«, von der gleichermaßen zu reden ist wie vom Offenbacher Stil. Ebenso kommt dem damaligen Direktor der Technischen Lehranstalten, Prof. Hugo Eberhardt entscheidender Anteil zu, weil er es mit eingehendem Interesse für die Klingspor'sche Arbeit verstanden hatte, einander widerstrebende Kräfte zu binden und ihre Bemühungen zu ordnen und zu fördern.

Die Ausbildungssituation der Jahrhundertwende kennzeichnete Engel aus eigenem Erleben: *»... es war die Blütezeit der sogenannten »freien Richtung« in der Setzerei. Wenn ich an meine mit großer Hingabe gearbeiteten Machwerke jener Zeit denke, dann kommt es mir vor, als wäre mein und aller Buchdrucker Hirnraum feuersicher mit Blech ausgeschlagen und mit Stroh gefüllt gewesen. Es fehlte auch der geringste Hinweis, daß es einmal einen Gutenberg, Fust und Schöffer, Lufft, Koberger, Aldus gegeben habe. Ich besuchte aus eigenem Antrieb einen Abendkurs... man fragte mich oft, was ich als Schriftsetzer eigentlich mit dem Zeichnen wolle!...«*

Nur wenn man an den damaligen Stand der gewerblichen Formenvorstellungen mit ihrer üppigen, aber beziehungslosen Ornamentik, mit ihrer hilflosen Anfängerschaft in der Formgebung industrieller Erzeugnisse denkt, vermag man zu verstehen, wie schroff der Bruch war, den Ernst Engel zu vollziehen hatte, und wie vorteilhaft die Meisterschaft war, die er in kurzer Zeit errang, um gerade in Offenbach verantwortlich am Gesicht der neuen Buchkunst mizuwirken. Um so glücklicher der Umstand, daß er als junger Mann die eigene Begabung wohl unbewußt richtig einschätzte und den kürzesten Weg dorthin fand, wo sie wie nirgendwo fruchtbar werden konnte.

Ernst Engel wurde 1879 in Kassel geboren; dort ist er zur Schule und in die Lehre gegangen. Schon früh regte sich die Liebe zur Sprache und Dichtung, er hat später zeitweilig mit dem Wunsch gespielt, Journalist zu werden. Zwei Jahre lang war er Schüler der Kunstgewerbeschule, hat aber *»... außer einigen Handfertigkeiten nicht viel gelernt. Denn auch der Gips- und Ornamentent-*

wurf-Betrieb war auf die Dauer schrecklich. Meine liebste Beschäftigung war der Aufenthalt in der Kasseler Gemäldegalerie. Ich las viel und trieb in meiner freien Zeit auf eigene Faust Sprachstudien (Französisch und Latein)…« Die wichtigste Entscheidung im Leben Ernst Engels begab sich 1904, als er in Leipzig eine Schriftprobe der Behrens-Schrift von der damaligen Rudhardschen Gießerei in Offenbach zu Gesicht bekam. Schon am nächsten Tag bewarb er sich und wurde angenommen.

»…Nach kurzer Zeit wußte ich, daß ich doch das richtige Handwerk gewählt hatte. Es begann eine Zeit des Erwachens und der lebhaftesten Anteilnahme…« Als man ihm 1905 die Leitung der Hausdruckerei der jetzt Gebrüder Klingspor'schen Schriftgießerei übertrug und gleichzeitig die Lehrstellen für Buchdruck an der Frankfurter Gewerbeschule und an den Technischen Lehranstalten in Offenbach, ließ die Fügung ihn schöpferisch und erzieherisch am Besten teilhaben, was jene Zeit hervorbrachte. 1906 trat Rudolf Koch als Schriftentwerfer bei Klingspor ein. Die Zusammenarbeit der beiden Männer sollte später sehr eng werden.

Bereits um 1908 setzte sich Engel mit seinen Entwürfen für die Schriftproben durch. Da waren die Tiemann-Mediaeval, die fette Deutsche Schrift von Koch, danach die Behrens-Antiqua in beispielhaften Anwendungen zu zeigen. Schriftproben waren und sind noch heute der Schrifthersteller wichtigste Werbemittel und Verkaufshelfer. Darüber hinaus sind sie stilistische Modelle und Lehrwerkzeuge erster Ordnung, die seit dem Beginn der Buchdruckerei geschmacks- und formbildend wirken, wie andere gewerbliche Publikationen es kaum erreichen. Man denke nur an das Manuale Bodoni, das nichts anderes gewesen ist als eine Schriftprobe. Wenn Engel es vermochte, für seine Entwürfe das Einverständnis der Formurheber jeweils auf Anhieb zu erhalten, dann bezeugt dies schon zu Beginn den Rang seiner Arbeit, den er aufrechterhielt, bis er den Winkelhaken aus der Hand legte, um sich zur Ruhe zu setzen. Der erste Weltkrieg unterbrach die Arbeit an den Klingspor'schen Schriftproben; erst

1919 konnte er sie fortsetzen. Ein Förderer und Freund, Dr. Samuel Guggenheim, Rechtsanwalt in Offenbach, half Engel, eine Handpresse anzuschaffen und eine eigene Werkstatt einzurichten, in einem Raum, den ihm der damalige Direktor der Technischen Lehranstalten, Eberhardt, zu diesem Zweck überließ. Im März 1921 war alles beieinander, und sogleich begann Engel mit seinem ersten Handpressendruck. Diese Arbeiten, die er immer allein ausführte, immer mit dem Ziel, das handwerkliche Beste zu liefern, wurden im Lauf weniger Jahre zum Inhalt seines Lebens, unterbrochen nur von der Lehrtätigkeit und der Aufsicht über die Hausdruckerei bei Klingspor, die er aber ab 1924 abgab, um nur noch die Schriftschnitte zu überwachen und um 1926 noch eine letzte Probe, diejenige der Wilhelm-Klingspor-Schrift, zu entwerfen und auszuführen. Die hauptberufliche Arbeit für die Schriftgießerei regte Engel seit 1907 zu eigenen Schriftentwürfen an. Seit jenem Jahr beschäftigte ihn der Wunsch, eine formschöne, doch besonders klar lesbare Fraktur zu schaffen. Erst viel später hat er diese Vorstellung verwirklichen können. Vorderhand benutzte er ausschließlich Klingspor'sche Schriftgüsse, voran jene von Rudolf Koch entworfenen Schriften, wie die fette Deutsche Schrift, die Maximilian-Fraktur, die Koch-Antiqua und die Wilhelm-Klingspor-Schrift.

Das spröde Material des Stahles, worein man die Schriftstempel schneidet, reizte Engel, und ihn reizte die schwierige und widerspenstige Technik, die kleinen Buchstabenbilder mit Hammer, Punze und Feile aus der harten Stempelfläche herauszugraben. Ohne eine Art von Besessenheit, in schwierigster Kleinbildhauerei das unzugängliche Material zu überwinden, ließen sich die Mühe und der Fleiß kaum erklären, womit Engel für fast jeden seiner späten Drucke eigene Typen geschnitten hat, die er nachher kaum mehr verwendete und die schon gar nicht in den gewerblichen Handel kamen.

Es ist allezeit selbstverständlich gewesen, auch für die höchstwertigen Erzeugnisse handwerklicher Buchkunst die im Handel befindlichen Typen der Schriftgießereien zu verwenden. Entwurf, Schnitt und Guß einer Schrifttype erforderte in der Regel viele tausend Arbeitsstunden. Als industrielles Produkt ist eine gegossene Schrift so teuer und in der Herstellung so langwierig, daß andere Offizinen sich eigener Typen nur in wenigen Ausnahmen für ihre Handpressendrucke bedient haben, allenfalls besaßen sie gerade eine Haustype. Anders bei Engel, der sich nicht weniger als fünf Schriften geschnitten hat. Dieser ungeheure Aufwand war nur möglich, weil Dr. Karl Klingspor in Erkenntnis des Wertes diese Arbeit mit dem technischen Teil des Schriftgusses unterstützte.

Auf diese Weise erhielten die Engel'schen Drucke eine Einmaligkeit, die selbst unter den besten kaum vorkommt. Stilgeschichtlich gebührt ihnen ein Platz im Raum des späten Expressionismus. Die drei Schnitte der Einbuchstabenschrift und der Text des Engel'schen Nachrufes auf Heinrich Holz bezeugen, daß dies unfern des Stefan-George-Kreises sein könnte; im handwerklichen Sinn in der Nachfolge des William Morris und seiner Schüler. Die Handpressendrucke Ernst Engels spiegeln ein Lebenswerk von Umfang und Tiefgang, das seinen Platz behaupten wird, weil es nicht nur eine einzelgängerische Selbstdarstellung ist, sondern auch Ausdruck und Träger einer gültigen Lehrmeinung, die sich mitteilt und fortgepflanzt hat. Alle seine Drucke sind wirkliche Unika, sie sind es in jedem Bereich des Handwerklichen, der ihrer Herstellung diente, sei es im Bild, im Schriftsatz, im Druck oder im Einband. Die Behauptung bedarf der Erläuterung:

BILD

In dem Murnauer Holzschneider und Zeichner Josef Weiß und dem frühverstorbenen Heinrich Holz besaß Engel zwei Illustratoren, die ihm aus dem Geist des Expressionismus kongeniale Beiträge lieferten und ihn immerfort anregten. Später ergab sich außerdem eine Zusammenarbeit mit Willi Harwerth, dem ungemein formsicheren, für Klingspor tätigen Buchkünstler und Grafiker. Die in den hier katalogisierten Titeln enthaltenen Abbildungen der drei Künstler sind an anderer Stelle nicht erschienen. Bei Heinrich Holz handelt es sich überdies in einigen Fällen um originale Buchmalereien, um Aquarelle, die der Empfindlichkeit der verwendeten Japan-Druckpapiere halber ohne Vorzeichnung aus freier Hand in das Exemplar zu malen waren, Schärfe und äußerste Genauigkeit des darstellenden Striches der beigegebenen Bilder müssen der sinnbildhaften Knappheit des Buchstabenzeichens entsprechen, die Grauwerte von Text und Illustration müssen einander ergänzen. Der Holzschnitt oder auch der Holzstich sind die ursprünglichen Mittel, dieses Ziel zu erreichen; keine noch so gute Ätzung vermag hierfür zureichenden Ersatz zu bieten als höchstens der originale Metallschnitt oder Metallstich, der aber nicht immer mit der Schrift zusammen, d. h. mit der gleichen Druckform und mit gleicher Farbe wiederzugeben ist.

SCHRIFTSATZ

Der Schriftsetzer arbeitet nach Handwerksregeln, die von Gutenberg bis in unsere Tage nahezu unverändert gelten. Er wählt Zeilenlänge, Schriftgröße und räumliche Verhältnisse seiner Buchseite nach allgemeingültigen Maßregeln und er beachtet die Zeilen- und Wortzwischenräume aufgrund optischer Gewohnheiten, die schon die bücherschreibenden Mönche befolgt haben; Setzmaschinen, Licht- und Fotosatz unserer Zeit änderten daran nichts. So gilt beispielsweise noch heute wie in alle Zukunft, daß mehr als drei untereinanderstehende Worttrennungen das Seitenbild verschlechtern oder daß ein größerer Zeilenzwischenraum genau eine oder mehrere Leerzeilen betragen soll. Alle Freiheit in der engen Bindung darf den Setzer jedoch nicht dazu bringen, das wichtigste Gesetz seiner Kunst zu verletzen: die Leserlichkeit. Das gedruckte Wort ist und bleibt zuvörderst eine Mitteilung an den Leser; an dieser unverrückbaren Grenze scheidet sich der gute vom schlechten Stil in der Schriftsetzerei. Ernst Engel hat seinen Schülern die unausweichliche Strenge solcher einfachen Zusammenhänge verdeutlicht; wie wichtig er sie für seine eigene Arbeit hielt, beweisen seine Schriftsätze besser als alle Worte.

SCHRIFTEN

Für seine Handpressendrucke benutzte Ernst Engel von den Klingspor'schen Schriften die Behrens-Antiqua von 1908 und die Frühling-Fraktur
von Rudolf Koch aus dem gleichen Jahr, danach die Behrens-Mediaeval von
1913, die Deutschen Schriften von Koch von 1908 und 1909, die Maximilian-
Fraktur und die Koch-Antiqua von 1921 und die Wilhelm-Klingspor-Schrift
von 1924 bis 1925.

Die eigenen Schriftentwürfe begann er bereits 1908 mit den ersten Zeichnungen für die Mörike-Fraktur, die der Offenbacher Schriftschneider Rudolf Schiff-
ner aber erst 1922 bis 1923 in 12-Punkt-Grad geschnitten hat. Das lichte Bild dieser schönen Type richtete sich nach der überaus leserlichen »Zeitungs-Fraktur«
von ehedem, denn Ernst Engel schuf es, um jene alten Schnitte formal zu verbes-
sern; vor allem sollte seine Schrift *jeder Bauer lesen können«.* Der erste Druck
aus der Mörike-Fraktur war »Das Märchen« von Goethe, für den Münchner
Hans von Weber-Verlag, später folgten eigene Drucke und einige Schülerarbeiten.

Nach dieser Schrift entstand 1927 der 14-Punkt-Schnitt der ersten Einbuchstabenschrift, woraus nachher z. B. der Nietzsche-Text »Die sieben Siegel«
gesetzt wurde. Unter den vielen Versuchen, die historische Unziale mit neuem
Leben zu erfüllen, ist sie wohl der formsicherste jener Zeit.

Wenig später schnitt Engel um 1930 eine zweite Einbuchstabenschrift, mit
kleinerem Bild und auf 12 Punkt Korpus. Unmittelbarer Anlaß war wohl das
Bedürfnis nach einem gedrängteren, übersichtlichen Schriftbild, als es die
14-Punkt-Type bot. Eine große Rolle spielte bei der Gestaltung dieser Schrift
die selbstgestellte Aufgabe, eine Schreibmaschinentype herauszubilden, welche
abweichend von den damaligen, meist recht unerfreulichen Beispielen ein durch-
komponiertes, leserliches Bild besaß und doch die Groß-Klein-Umschaltung
entbehren konnte. Der Versuch scheiterte an dem damals noch nicht gelösten
Problem, den Vorschub des Schreibmaschinenschlittens nach der Dickte des
jeweiligen Buchstabens zu steuern.

Um 1935 entstand eine dritte Einbuchstabenschrift mit zugehörigem Initial-Alphabet. Mehr als die beiden vorangegangenen weist diese Schrift auf historische Vorbilder hin, und sie entspricht einem höheren Schmuckbedürfnis. Die Buchstabenformen hatte Engel mit Radiernadel und Schaber aus den originalen Tuschezeichnungen herausgeschabt. Diese merkwürdige Technik ergab Gravurvorlagen von eigentümlicher Schärfe des Umrisses, die dem Spiel der lebhaften Formelemente zugute kam.

Die eigenwilligste Schriftschöpfung Ernst Engels ist die um 1939 geschnittene Deutsche Schrift auf 16 Punkt Kegel. Nach vielen Vorzeichnungen der einzelnen Buchstaben entstand deren eigentliche Form erst während der Arbeit an und in den Stahlstempeln, in der Spur der Feilen und Punzen. Engel hat diese Type selber nicht mehr benutzt; ihre Fertigstellung fiel in die Zeit, da er sich in den Ruhestand zurückzog und das gesamte technische Material seiner Presse seinem Schüler Walter Stähle übergab, der an der Höheren Fachschule für das Graphische Gewerbe in Stuttgart lehrte. Engel beriet 1952 bis 1955 Stähle bei den ersten Handpressendrucken, einem Te Deum und einer Bergpredigt, die beide noch das alte Signum der Engel-Presse tragen.

DRUCK

Für den Druck ging Engel von der Vorstellung aus, man müsse den knappen und sinnbildhaften Buchstaben mit äußerster Schärfe wiedergeben, um das Spiel der ursprünglich in Stahl geschnittenen Umrißlinien getreulich mitzuteilen. Dazu ist es nötig, die Schrift unter möglichst geringem Druck auf das Papier, und nicht etwa in das Papier abzudrucken, wie es so oft geschieht. Überaus sorgfältige Zurichtung und Farbführung nach alten Rezepten, vor allem die schwierige Einfärbung mit der Hand und mit zäher »Feder«-Farbe, brachten die ungewöhnlich klaren und schönen Druckbilder der Engel'schen Arbeiten zustande. Eine große Mühe bedeutete es auch, die Druckreihenfolge vermöge bezifferter Durchschußpapiere für alle Bogenteile der Exemplare aufrechtzuer-

14

halten; so besteht Nr. 3 jeder Auflage auch wirklich aus den jeweils dritten Bögen, die aus der Presse kamen. Alle Abbildungen sind von den originalen Bildstöcken der beteiligten Künstler gedruckt. Die oben geschilderten Sorgfalts- und Echtheits-Grundsätze verboten es, etwa Galvanos oder andere Vervielfältigungs-Surrogate zu verwenden. Besondere Schwierigkeiten boten manche Bildpartien der Holzschnitte von Josef Weiß mit ihren zarten Übergängen zu halbtonigen Flächen. Engel überwand sie, indem er jeden einzelnen Holzstock vorsichtig einfärbte, austupfte, wieder einfärbte und wieder auswischte, bis der Farbauftrag die erforderliche Dichte besaß. Bestimmte Stellen des nach dem Druckgang noch auf der Form haftenden Bogens mußten gar nach einer Schablone mit den Fingern nachgedruckt oder -gerieben werden. Was Wunder, wenn der Druck der Edda-Lieder auf diese Weise über zwei Jahre dauerte. Auch die Farbbehandlung ging immer von den traditionellen »echten« Farbtönen aus, wie Echter Zinnober, Caput mortuum u. a., die sich von alters her in der Palette der Drucker behaupten.

EINBAND

Die meisten Einbände der Engel-Drucke stammen von Otto Fratzscher, der lange Zeit Lehrkollege Engels an der Offenbacher Kunstgewerbeschule gewesen ist; dort hat er auch seine schönsten Arbeiten geleistet. Besonders bemerkenswert sind die hervorragenden Lederdecken mit umfänglichen Handvergoldungen von Schrifttiteln aus einzeln eingebrannten und vergoldeten Buchstaben. Nie hat Fratzscher bei solchen Arbeiten Platten benutzt, wie dies sonst üblich ist, sondern die Titel Buchstaben um Buchstaben einzeln handgestempelt. Die schier unglaubliche Genauigkeit und das Gleichmaß dieser schwierigen Arbeitstechnik vermag der Liebhaber zu würdigen; andernorts wird er es kaum auffinden.

Einige Einbände der Sammlung Engel stammen von Ignatz Wiemeler, der in seinen frühen Jahren in Offenbach gearbeitet hat, bevor man ihn an die Akademie nach Leipzig berief. Dort hat er für die Einbandkunst der Zeit richtung-

gebend gewirkt und vielerlei Ehrungen erfahren; seine Arbeit werden von Samm-
lern hochgeschätzt und sind kaum noch aufzutreiben. Die Einbände Otto Fratz-
schers sind dagegen nicht so bekannt geworden, obwohl sie an gestalterischer
und handwerklicher Reife den Vergleich durchaus bestehen und zum Besten
gehören, was wir kennen.

Ernst Engel starb am 17. Juli 1967. Er hat es zu seiner Zeit abgelehnt, in
irgendeiner Weise für die Früchte seiner Arbeit zu werben oder um ihre Aner-
kennung anzustehen, weil er fürchtete, dagegen die Freiheit hinzugeben, ein
Buch so herzustellen, wie er es sich aus dessen Inhalt wünschte. Er empfand das
Büchermachen als eine Berufung und er hat, um dies zu bezeichnen, einmal
gesagt:

*... der Antrieb zu unserem Tun muß ein Geheimnis bleiben, das uns selbst
nicht offenbar wird...«.*

Heinz Hugo Schmiedt

CHRISTIAN LENHARDT
Bibliographie der
Ernst-Engel-Drucke 1921-1943

Die Bibliographien wurden bei
allen Titeln durch Autopsie erstellt.
Ergänzende, nicht aus den Drucken
ersichtliche Angaben sind in eckige
Klammern gesetzt

Zu den Drucken Ernst Engels gibt
es keine offiziellen Einbände. Sie
kommen in zahlreichen Varianten
vor, die oft nur in einem oder wenigen Exemplaren vorliegen: gefalzte
Bogen in schlichter Kassette, In-
terimsbroschur, Pappbänden, Halb-
leder, aber auch in signierten Mei-
stereinbänden von Ignatz Wiemeler
oder Otto Fratzscher, ausgeführt
in Maroquin oder Pergament. Die
Bibliographie verzichtet deshalb
auf Einbandangaben

Ernst Engel hat auch eine Reihe
von Auftragsdrucken geschaffen.
Da deren bibliographische Erfas-
sung bisher nur lückenhaft ist, wurden sie nicht in die Bibliographie
aufgenommen

Vom ersten Druck »Vier Jahreszeiten« existieren seit Frühjahr 1922
mindestens vier Exemplare (jedes
mit unterschiedlichen Motiven) auf
Van Gelder-Bütten mit je vier
Originalaquarellen von Heinrich
Holz. Ein weiteres Exemplar im
Klingspor-Museum Offenbach
enthält vier Originalaquarelle von
Fritz Kredel. Frühere Exemplare
enthalten vier Originalradierungen
von Ludwig Enders [Lehrer an der
Offenbacher Schule]

17

Wir müssen alle schlechte Arbeit haffen, wie die Sünde

Goethe

Ernst Engels Leitwort
und Richtschnur seines Lebens

ERNST ⟩⟨ ENGEL
IN OFFENBACH·A·M

VERZEICHNIS MEINER BISHER
ERSCHIENENEN HANDPRESSEN=
DRUCKE 1925

JOHANN WOLFGANG VON GOETHE
Vier Jahreszeiten

[1.] Handpressendruck
[in höchstens 100 Abzügen]
Offenbach 1921
19 x 24 cm
32 nicht paginierte Seiten auf Japan-
Bütten in der Tiemann-Mediaeval
[weitere Angaben siehe Seite 17]

Selbst erfinden ist schön, doch glücklich von andern Gefundnes
  fröhlich erkannt und geschätzt, nennst du das weniger dein?

Was den Jüngling ergreift, den Mann hält, Greise noch labet,
  liebenswürdiges Kind, bleibe dein glückliches Teil.

Alter gesellet sich gern der Jugend, Jugend zum Alter,
  aber am liebsten bewegt Gleiches dem Gleichen sich zu.

Halte das Bild der Würdigen fest! Wie leuchtende Sterne
  teilte sie aus die Natur durch den unendlichen Raum.

Wer ist der glückliche Mensch? Der fremdes Verdienst zu empfin-
  weiß und an fremdem Genuß sich wie an eignem zu freun. [den

Vieles gibt uns die Zeit und nimmt's auch, aber der Bessern
  holde Neigung, sie sei ewig dir froher Besitz.

Wärt ihr, Schwärmer, im stande, die Ideale zu fassen,
  o, so verehrtet ihr auch, wie sich's gebührt, die Natur.

Wem zu glauben ist, redlicher Freund, das kann ich dir sagen:
  glaube dem Leben; es lehrt besser als Redner und Buch.

Du bist König und Ritter und kannst befehlen und streiten,
  aber zu jedem Vertrag rufe den Kanzler herbei.

Klug und tätig und fest, bekannt mit allem, nach oben
  und nach unten gewandt, sei er Minister und bleib's.

Welchen Hofmann ich ehre? Den klärsten und feinsten! Das andre,
  was er noch sonst besitzt, kommt ihm als Menschen zu gut.

Ob du der Klügste seist, daran ist wenig gelegen,
  aber der Biederste sei, so wie bei Rate, zu Haus.

Ob du wachst, das kümmert uns nicht, wofern du nur singest.
  Singe, Wächter, dein Lied schlafend, wie mehrere tun.

Diesmal freust du, o Herbst, nur leichte, welkende Blätter,
  gib mir ein andermal schwellende Früchte dafür.

DIE OFFENBARUNG
DES JOHANNES

Nach der Übersetzung
von Martin Luther
2. Handpressendruck in 200 nicht
numerierten Abzügen
Offenbach 1921 und 1922
13 x 22 cm
96 Seiten auf Japan-Bütten in der
Maximilian-Gotisch
von Rudolf Koch
Zwölf im Impressum signierte
Holzschnitte von Josef Weiß

der auch euer Bruder und Mitgenosse
an der Trübsal ist und am Reich und
an der Geduld Jesu Christi, war in
der Insel, die da heißt Patmos, um
des Worts Gottes willen und des
Zeugnisses Jesu Christi. Ich war im
Geist an des Herrn Tag, und hö-
rete hinter mir eine große Stimme
als einer Posaune, die sprach: Ich
bin das A und das O, der Erste und
der Letzte; und was du siehest, das
schreibe in ein Buch, und sende es

zu den Gemeinen in Asien, gen E-
phesus und gen Smyrna und gen
Pergamus und gen Thyatira und
gen Sardes und gen Philadelphia
und gen Laodicea. Und ich wandte
mich um, zu sehen nach der Stimme, die mit mir redete. Und als ich
mich wandte, sah ich sieben güldne
Leuchter, und mitten unter den sieben Leuchtern einen, der war eines
Menschen Sohn gleich, der war an-
getan mit einem langen Gewand,
und begürtet um die Brust mit einem güldnen Gürtel. Sein Haupt
aber und sein Haar war weiß wie
weiße Wolle als der Schnee, und
seine Augen wie eine Feuerflamme,
und seine Füße gleichwie Messing,
das im Ofen glühet, und seine Stimme wie groß Wasserrauschen; und
hatte sieben Sterne in seiner rechten
Hand; und aus seinem Munde ging
ein scharf zweischneidig Schwert

6

7

21

EDDA-LIEDER
Das Woelund-Lied

3. Handpressendruck
in 300 numerierten Abzügen
Offenbach 1922
23,5 x 32,5 cm
16 Seiten auf Japan-Bütten in der
Deutschen Schrift von Rudolf Koch
Fünf im Impressum signierte Holzschnitte von Josef Weiß

DAS WŒLUNDLIED

die Reife auf;
so harrt er seines
sonnigen Weibes,
der lichten Herwör,
daß heim sie käme.

Das hörte Nidud,
der Njarenkönig,
daß Wölund einsam
im Wolfstal saß.

Nächtlich ritten Mannen,
genagelt die Brünnen,
ihre Schilde blinkten
im Schein des Halbmonds.
Sie stiegen aus den Sätteln
am Saalgiebel,
gingen hinein
durch den ganzen Saal.

Sie sahen die Ringe,
gereiht am Bast,
die der Schmied besaß,
die siebenhundert.
Sie streiften sie ab,
sie streiften sie auf;
einer allein

blieb abgestreift.

Vom Waidwerk kam
der wetterkundige
Wölund gewandert
langen Weg.
Bärenfleisch ging er
zu braten im Feuer;
bald flammte Reisig,
Föhrengeäst,
winddürres Waldholz,
vor Wölund auf.

Auf dem Bärenfell ruht er,
die Ringe zählt er,
der Albenfürst:
einer fehlte.
Er glaubte, ihn habe
Hlödwers Tochter,
die junge Herwör,
sie sei heimgekehrt.

Lange saß er
und sank in Schlaf.
Doch er erwachte,
der Wonne beraubt:
er fühlte die Arme

Das Lied von der Hunnenschlacht

EDDA-LIEDER
Das Lied von der Hunnenschlacht

4. Handpressendruck in 200 nume-
rierten Abzügen
Offenbach 1923
23,5 x 32,5 cm
21 Seiten auf Japan-Bütten in der
Deutschen Schrift von Rudolf Koch
Neun im Impressum signierte
Holzschnitte von Josef Weiß

es wankte die Erde   von der Wagen Menge.

Der Völker sind   jedoch im Tausend
sechs beim Feinde,   dreizehn Hundert,
in jedem Volke   in jedem Hundert
fünf Tausende,   die Helden vierfach."

Angantyr zog mit seiner ganzen Macht auf die Dunheide und
stieß hier zusammen mit dem doppelt so starken Hunnenheer.
Sie schlugen sich acht Tage von früh bis spät, und niemand
konnte die Toten zählen. Tag und Nacht strömte neue Mann-
schaft zu Angantyr aus allen Himmelsgegenden, so daß er am
Ende nicht weniger hatte als am Anfang.
Am letzten Tage wurde die Schlacht am heißesten: die Hunnen
wußten, daß es Sieg oder Tod galt, die Goten aber kämpften
für Freiheit und Vaterland. Am Abend kam das Hunnenheer
ins Wanken; da schritt Angantyr vor aus seinem geschlossenen
Kriegerhaufen in die feindliche Reihe hinein und hieb mit seinem Schwerte nieder, was ihm in den Weg kam, Männer und
Rosse. Hlöd trat ihm entgegen, und es kämpfte Bruder mit
Bruder, bis der Bastard fiel. Auch König Humli fand den Tod.
Jetzt flohen die Hunnen.

Grimmig gingen   es standen die Flüsse
die Goten vorwärts,   und stürzten aus den Ufern;
die beherzten Helmträger,   in den Tälern türmten sich
durch der Hunnen Reihn: tote Mannen.

ARNO HOLZ
Drei neue Phantasus-Gedichte
Zum 60. Geburtstag des Dichters
im Auftrage von
Richard Doetsch-Benziger, Basel

5. Handpressendruck in 100
nicht numerierten Abzügen
Offenbach 1923
19 x 25 cm
28 nicht paginierte Seiten auf van
Gelder-Bütten in der Mörike-Fraktur von Ernst Engel, zweifarbiger
Druck

platscht, tatscht,
marscht es in den Baikalsee,
sein linker Hinterzeh zerquetscht den Dhawalagiri.

Gongs erdröhnen,
Zymbeln schüttern, Drommeten schmettern,
Becken klirren, Rohrklappern schwirren, Kindentrommeln rasseln, Pauken prasseln,
Pfeifen schrillen,
ich
lache!

Triumph!! Triumph!!

Triumph!!!

Die Erde grünt, ihre Saaten schießen, Sonne strahlt, Blumen sprießen,
gleißend, glitzernd,
paradiesbunt
von Schmetterlingen umtaumelte,
friedlich, lieblich, laulind südwindumfächelte,
rankende, schwankende Blaublütentrauben, schaukelnd,
schwingen,
Kinder springen, Vögel singen,
Quellen klingen,
alle Weiber ... gebären wieder!

Ich lucke in mein Werk
„Ignorabimus",
vor Jahren
in drei Jahren wildester, wirbelndster, wütendster Arbeit
wuchtig geschrieben,
kein Rasttag, kein Ruhtag, kein „Ausgeh"tag,
kein
„Feier"- und kein „Sonntag",
die dicken, gelben, gleichmäßig geschichteten Stöße Konzeptpapier
unter meinen siebenden, seihenden, sichtenden
Fingern,
unter meiner rührigen, rastlosen,
unermüdlichen Emsigkeit,
unter meiner ordnenden, klärenden,
schlichtenden Hand,
immer wieder verschrumpelnd, immer wieder anschwellend,
immer wieder sich
häufend,
es muß, es muß, es muß, es muß,
jeden Morgen wie aus Stahl, jeden Abend wieder wie aus Blei,
es muß, es muß, es muß, es muß,
es
muß,
noch im Traum wie unter einer Last, wie unter einer Riesenlast,
wie unter einer seligen mich windend,
beglückt, verzückt, entrückt,
berufen,

GOETHES FAUST IN
URSPRÜNGLICHER GESTALT
Der Urfaust

6. Handpressendruck in
120 numerierten Abzügen
Offenbach 1924
14 x 24 cm
86 Seiten auf Japan-Bütten in der
Mörike-Fraktur von Ernst Engel,
zweifarbiger Druck

(Zu Gretgen) Wie steht es denn mit ihrem Herzen?
Margrethe
Was meint der Herr damit?
Mephistopheles
(vor sich) Du guts unschuldigs Kind!
(Laut) Lebt wohl, ihr Fraun!
Marthe
O sagt mir doch geschwind!
Ich mögte gern ein Zeugniß haben,
wo, wie und wenn mein Schaz gestorben und begraben.
Ich bin von je der Ordnung Freund gewesen,
mögt ihn auch todt im Wochenblättgen lesen.
Mephistopheles
Ja, gute Frau, durch zweyer Zeugen Mund
wird alleweegs die Wahrheit kund.
Habe noch gar einen feinen Gesellen,
den will ich euch vor den Richter stellen.
Ich bring ihn her.
Marthe
O thut das ja.
Mephistopheles
Und hier die Jungfer ist auch da?
Ein braver Knab, ist viel gereist,
Fräuleins alle Höflichkeit erweist.
Margrethe
Müßt vor solch Herren schamroth werden.
Mephistopheles
Vor keinem König der Erden.
Marthe
Da hinterm Haus in meinem Garten
wollen wir der Herrn heut Abend warten. (Alle ab.)

50

Faust. Mephistopheles.
Faust
Wie ist's? Wills fördern, wills bald gehn?
Mephistopheles
Ach Bravo! find ich euch im Feuer!
In kurzer Zeit ist Gretgen euer.
Heut Abend sollt ihr sie bey Nachbaar Marthen sehn.
Das ist ein Weib wie auserlesen
zum Kuppler und Zigeunerwesen.
Faust
Sie ist mir lieb.
Mephistopheles
Doch gehts nicht ganz umsunst,
eine Gunst ist werth der andern Gunst.
Wir legen nur ein gültig Zeugniß nieder,
daß ihres Ehherrn ausgereckte Glieder
in Padua, an heilger Stätte ruhn.
Faust
Sehr klug! wir werden erst die Reise machen müssen.
Mephistopheles
Sancta Simplicitas! Darum ist's nicht zu thun.
Bezeugt nur, ohne viel zu wissen.
Faust
Wenn er nichts bessers hat, so ist der Plan zerrissen.
Mephistopheles
O heilger Mann, da wärt ihr's nun!
Es ist gewiß das erst in eurem Leben,
daß ihr falsch Zeugnis abgelegt.
Habt ihr von Gott, der Welt, und was sich drinne regt,
vom Menschen, und was ihm in Kopf und Herzen schlägt,
Definitionen nicht mit großer Kraft gegeben?

51

25

TE DEUM LAUDAMUS
[in lateinischem Text]

7. Handpressendruck in
100 numerierten Abzügen
Offenbach 1924
13 x 18 cm
10 nicht numerierte Seiten auf
Japan-Bütten in der Koch-Antiqua,
dreifarbiger Druck

TE DEUM LAUDAMUS

TU AD LIBERANDUM SUSCEPTURUS
HOMINEM
  NON HORRUISTI VIRGINIS
UTERUM.

TU DEVICTO MORTIS ACULEO
APERUISTI CREDENTIBUS REGNA
COELORUM.

TU AD DEXTERAM DEI SEDES/
IN GLORIA PATRIS.

JUDEX CREDERIS
ESSE VENTURUS.

TE ERGO QUAESUMUS/TUIS
FAMULIS SUBVENI/
  QUOS PRETIOSO SANGUINE
REDEMISTI.

AETERNA FAC
CUM SANCTIS TUIS IN GLORIA
NUMERARI.

SALVUM FAC POPULUM TUUM/
DOMINE/
  ET BENEDIC HEREDITATI TUAE.

ET REGE EOS/ET EXTOLLE

26

DER TOD DES
EMPEDOKLES
EIN
TRAUERSPIEL
VON
FRIEDRICH
HÖLDERLIN
DAS
BRUCHSTÜCK
DER ERSTEN
FASSUNG

FRIEDRICH HÖLDERLIN
Der Tod des Empedokles
Ein Trauerspiel

8. Handpressendruck in 110
(55 numerierten) Abzügen
Offenbach 1924/25
13 x 23 cm
102 Seiten (55 Exemplare auf Japan-
Bütten) in der Koch-Antiqua,
zweifarbiger Druck
Drei Holzschnitte von Gustav
Eichenauer nach Zeichnungen von
Heinrich Holz

27

FRIEDRICH NIETZSCHE
Die sieben Siegel oder
Das Ja- und Amen-Lied aus:
Also sprach Zarathustra

9. Handpressendruck in
55 numerierten Abzügen
Offenbach 1927
15 x 15,5 cm
8 Blätter [16 Seiten] auf Japan-
Bütten in der Zweiten Einbuchstabenschrift [Große Unziale]
von Ernst Engel

die sieben siegel / oder: das ja- und amen-
lied / aus : also sprach zarathustra / von
friedrich nietzsche.

1

✝ wenn ich ein wahrsager bin und voll
jenes wahrsagerischen geistes, der auf
hohem joche zwischen zwei meeren
wandelt, –
✝ zwischen vergangenem und zukünfti-
gem als schwere wolke wandelt, –
schwülen niederungen feind und allem,
was müde ist und nicht sterben noch leben kann:
✝ zum blitze bereit im dunklen busen und
zum erlösenden lichtstrahle, schwan-
ger von blitzen, die ja! sagen, ja! lachen,
zu wahrsagerischen blitzstrahlen: –

✝ –selig aber ist der also schwangere!
und wahrlich, lange muss als schwe-
res wetter am berge hängen, wer einst
das licht der zukunft zünden soll! –
✝ o wie sollte ich nicht nach der ewigkeit brünstig sein und nach dem hoch-
zeitlichen ring der ringe, – dem ring der
wiederkunft!
✝ nie noch fand ich das weib, von dem
ich kinder mochte, es sei denn dieses
weib, das ich liebe: denn ich liebe dich,
o ewigkeit!
✝ denn ich liebe dich, o ewigkeit!

28

DIE NATUR
Nach Gesprächen mit Goethe, auf-
gezeichnet von G. Chr. Tobler, 1782

10. Handpressendruck im Auftrage
und für Richard Doetsch-Benziger,
Basel, im Goethe-Jahr 1932 in 75
nicht numerierten Abzügen
Offenbach 1932
16 x 19 cm
18 nicht paginierte Seiten auf Japan-
Bütten in der Zweiten Einbuchstabenschrift [Große Unziale] von
Ernst Engel

satt werde. sie hat keine sprache
noch rede; aber sie schafft zungen und
herzen, durch die sie fühlt und spricht.
ihre krone ist die lie-
be. nur durch sie kommt man ihr nahe. sie
macht klüfte zwischen allen wesen,
und alles will sich verschlingen. sie hat
alles isoliert, um alles zusammenzuzie-
hen. durch ein paar züge aus dem becher
der liebe hält sie für ein leben voll mühe schadlos.

sie ist alles. sie be-
lohnt sich selbst und bestraft sich
selbst, erfreut und quält sich selbst. sie
ist rauh und gelinde, lieblich und schrecklich, kraftlos und allgewaltig. alles ist
immer da in ihr. vergangenheit und zukunft kennt sie nicht. gegenwart ist ihr
ewigkeit. sie ist gütig. ich preise sie mit
allen ihren werken. sie ist weise und
still. man reisst ihr keine erklärung vom
leibe, trutzt ihr kein geschenk ab, das sie

29

JOHANN WOLFGANG VON GOETHE
Von Deutscher Baukunst

11. Handpressendruck zum
Goethe-Jahr 1932
in 100 numerierten Abzügen
Offenbach 1932
19,5 x 22 cm
22 Seiten auf Japan-Pergament in
der Zweiten Einbuchstabenschrift
[Kleine Unziale] von Ernst Engel
Sieben Zeichnungen und Holzstiche
von Willi Harwerth

als ich das erste mal nach dem münster ging, hatte ich den kopf
voll allgemeiner erkenntnis guten geschmacks. auf hörensagen
ehrt' ich die harmonie der massen, die reinheit der formen, war ein
abgesagter feind der verworrenen willkürlichkeiten gotischer ver-
zierungen. unter die rubrik gotisch, gleich dem artikel eines wör-
terbuchs, häufte ich alle synonymischen missverständnisse, die mir
von unbestimmtem, ungeordnetem, unnatürlichem, zusammenge-

10

stoppeltem, aufgeflicktem, überladenem jemals durch den kopf
gezogen waren. nicht gescheiter als ein volk, das die ganze frem-
de welt barbarisch nennt, hiess alles gotisch, was nicht in mein
system passte, von dem gedrechselten bunten puppen- und bilder-
werk an, womit unsere bürgerlichen edelleute ihre häuser schmük-
ken, bis zu den ernsten resten der älteren deutschen baukunst,
über die ich, auf anlass einiger abenteuerlichen schnörkel, in den
allgemeinen gesang stimmte: „ganz von zierat erdrückt!" und so
graute mir's im gehen vorm anblick eines missgeformten, kraus-
borstigen ungeheuers.
‡ mit welcher unerwarteten empfindung überraschte mich der anblick, als ich davor trat: ein ganzer, grosser eindruck füllte meine seele, den, weil er aus tausend harmonierenden einzelheiten
bestand, ich wohl schmecken und geniessen, keineswegs aber erkennen und erklären konnte. sie sagen, dass es also mit den freu-
den des himmels sei. und wie oft bin ich zurückgekehrt, diese himm-
lisch-irdische freude zu geniessen, den riesengeist unserer älteren
brüder in ihren werken zu umfassen! wie oft bin ich zurückgekehrt,
von allen seiten, aus allen entfernungen, in jedem lichte des tags

11

30

DAS WESEN
DES KRIEGES

CARL VON CLAUSEWITZ
Das Wesen des Krieges

[12. Handpressendruck.] Erster
Druck der Engel-Presse der Stadt
Offenbach am Main in 110 nicht
numerierten Abzügen
Offenbach 1942/43
15,5 x 20,5 cm
61 Seiten auf Japan-Pergament in
der Koch-Antiqua

sehen werden kann. Außerdem ist sie der Schoß, in welchem sich
der Krieg entwickelt; in ihr liegen die Lineamente desselben
schon verborgen angedeutet, wie die Eigenschaften der lebenden
Geschöpfe in ihren Keimen.

4. Unterschied.

Das Wesentliche des Unterschiedes besteht darin, daß der
Krieg keine Tätigkeit des Willens ist, die sich gegen einen toten
Stoff äußert wie die mechanischen Künste, oder gegen einen
lebendigen, aber doch leidenden, sich hingebenden Gegenstand,
wie der menschliche Geist und das menschliche Gefühl bei den
idealen Künsten: sondern gegen einen lebendigen, reagierenden.
Wie wenig auf eine solche Tätigkeit der Gedankenschematis=
mus der Künste und Wissenschaften paßt, springt in die Augen,
und man begreift zugleich, wie das beständige Suchen und Stre=
ben nach Gesetzen, denen ähnlich, welche aus der toten Körper=
welt entwickelt werden können, zu beständigen Irrtümern hat
führen müssen. Und doch sind es gerade die mechanischen Künste,
denen man die Kriegskunst hat nachbilden wollen. Bei den ide=
alen verbot sich die Nachbildung von selbst, weil diese selbst der

13

31

Allem Leben, allem Tun, aller Kunst
muß das Handwerk vorausgehen,
welches nur in der Beschränkung
erworben wird. Eines recht wissen
und ausüben gibt höhere Bildung
als Halbheit im Hundertfältigen.

Johann Wolfgang v. Goethe
Wilhelm Meisters Wanderjahre, 1. Buch, 2. Kapitel

Walter Stähles
Richtschnur seines Schaffens

Walter Stähle,   Typograph · Drucker · Lehrer

Walter Stähle ist am 9. Juli 1919 in Rottweil geboren. Er entstammt mit vier Geschwistern einer Beamtenfamilie. Seine Kindheit verbringt er in Calw, wo er auch die Schule besucht. Wenn diese auch selten einen direkten Weg auf ein späteres Berufsziel weist, so stellen sich doch schon bald besondere Anlagen in dem Jugendlichen heraus, die sich vor allem im Kunstunterricht und im Zeichnen offenbaren. Aber wie sie oft in solchen Fällen wird aus Bescheidenheit kein künstlerischer Beruf angesteuert, man begnügt sich mit einem Handwerk, das wenigstens die Richtung vorgibt, in der man sein Berufsziel zu sehen glaubt.

So beginnt der Sechzehnjährige noch vor dem Umzug der Familie nach Stuttgart in Calw eine Setzerlehre. Doch erst im Stuttgarter Lehrbetrieb und vor allem in der dortigen Berufsschule eröffnen sich ihm plötzlich die Perspektiven – er entdeckt die Schrift als Kunstfertigkeit und Typographie als großartiges Mittel der Gestaltung.

Bald wird er Klassenbester und bekommt Auszeichnungen, so 1937 als Teilnehmer am Reichsberufswettkampf. Stähle wird Kreissieger des Stuttgarter Bereichs, als herausragender Schriftschreiber darf er im selben Jahr an einem Reichslehrgang für Schriftschreiben in Offenbach am Main teilnehmen. Als einer der Besten erhält er ein Stipendium zum späteren sechs Semester dauernden Studium der graphischen Fächer an der Meisterschule des deutschen Handwerks in Offenbach, der heutigen Kunsthochschule.

Hier begegnet er zum ersten Mal seinem späteren Lehrmeister und Mentor, Professor Ernst Engel. Er empfindet dies als schicksalhaft und hat nur noch das eine Ziel: bald sein Schüler werden zu dürfen. Darum meldet er sich nach beendeter Lehrzeit sofort zum unumgänglichen Reichsarbeitsdienst und Wehrdienst. Dann kommt der Krieg. 1939 muß er an die Front, bereits im folgenden Jahr wird er schwer verwundet und verliert sein linkes Auge.

1941 aus dem Kriegsdienst entlassen, beginnt er endlich das ersehnte Studium in Offenbach am Main. Seine Professoren sind Ernst Engel (Typographie), Willy Meyer (Zeichnen und Lithographie), Willi Harwerth (Heraldik und Holzschneiden), Otto Fratzscher (Buchbinden). Später wird er Engels Assistent.

Nach erfolgreich abgelegter Meisterprüfung heiratet er im Jahre 1942. Das Glück währt freilich nicht lange. Trotz seiner Kriegsverletzung wird er erneut zum Wehrdienst einberufen und kommt wieder an die Front.

1945 aus amerikanischer Gefangenschaft entlassen, versucht er sich zunächst als freischaffender Kalligraph und Gebrauchsgraphiker, ehe er erstmalig an der Graphischen Fachschule in Stuttgart Abendkurse geben darf. Sein ganzer Stolz ist freilich zum Zeitpunkt der Pensonierung seines Lehrmeisters der Erwerb der Buchkunstwerkstatt Ernst-Engel-Presse. Er überführt sie nach Stuttgart, ohne sich ihr allerdings, der vielfältigen Brotarbeit wegen, in der gewünschten Intensität widmen zu können; schließlich hat er bald eine mehrköpfige Familie zu ernähren.

Trotzdem studiert er eifrig, schafft die Abschlußprüfung des erziehungs-wissenschaftlichen Studiums am Staatlichen Berufspädagogischen Institut Stuttgart, der heutigen Berufspädagogischen Hochschule. Er erhält eine erste Anstellung als Lehramtskandidat an der Graphischen Fachschule Stuttgart. Zugleich nimmt er ein Gaststudium an der Staatlichen Akademie der Bildenden Künste wahr. Die Arbeit unter den Professoren Gerhard Gollwitzer (Zeichnen) und Ernst Schneidler (Schrift) wird für ihn zur wesentlichen Bereicherung seiner künstlerischen Ausdrucksmöglichkeiten. Soweit es das Lehramt erlaubt, kommt ab 1952 nebenbei die Arbeit an Pressendrucken langsam in Gang.

1953 wird er an die Höhere Fachschule für das Graphische Gewerbe in Stuttgart berufen und lehrt Schrift und Typographie. Bei der Entwicklung dieses Instituts zur Staatlichen Ingenieurschule und Fachhochschule bleibt er dort bis 1981 im Amt, wobei er 1973 zum Professor für Produktgestaltung ernannt worden ist.

Auch wenn sich aus der Bibliographie ersehen läßt, wie sehr Walter Stähle sich bereits seit 1952 als verantwortungsbewußter Sachwalter und Weiterentwickler der Ernst-Engel-Presse bewährt hat, bringt doch wohl erst der Umzug seiner Werkstatt im Jahre 1981 nach Meersburg am Bodensee die Krönung seines Schaffens. So liegen bis heute nicht nur 36 Handpressendrucke in Buchform und mehr als einhundert Einblattdrucke vor, er hat sich auch als Kalligraph große Verdienste erworben. So lehrt er in Kursen unter anderem die anspruchsvolle deutsche Kurrent. Seine Kunstschriftseminare in Volkshochschulen sind erfolgreich.

Walter Stähle ist auch als Autor hervorgetreten, so als Mitverfasser des Standardwerkes »Die Urkunde« (Ulm, Gröner, 1969) oder bei der Jahresgabe 1970 der Stuttgarter Fachschule für Druck »Gestalt und Ausdruck der Antiqua«. Seine bekannteste und weit verbreitete Arbeit ist »Kalligraphie. Anleitung zum Schreiben künstlerischer Schriften« (Stuttgart, Frech, 1983), die bisher 10 Auflagen erlebt hat und zum Standardwerk geworden ist.

In mehreren öffentlichen und zahlreichen privaten Sammlungen werden die Handpressendrucke aus der Werkstatt von Walter Stähles Ernst-Engel-Presse bewahrt. Oft sind sie lückenlos vorhanden – mitunter sichern sich Sammler sogar stets die gleiche Nummer der im Kolophon numerierten Drucke.

Während der vergangenen vierzig Jahre haben in mehreren Städten die Universitäts- und Stadtbibliotheken der Ernst-Engel-Presse Ausstellungen gewidmet, so in Köln, München, Stuttgart und Ulm. Außerdem war die Presse zwischen 1985 und 1994 alljährlich mit einem eigenen Stand auf der Frankfurter Buchmesse vertreten.

1995 besteht die Ernst-Engel-Presse, die einzige erhalten gebliebene Werkstatt aus der Gründungszeit der bedeutenden vergleichbaren deutschen Pressen, fünfundsiebzig Jahre. Möge ihre Weiterführung auch für die Zeit nach Walter Stähle gewährleistet sein!

Paul Eckhardt

CHRISTIAN LENHARDT
Bibliographie der Drucke der
Ernst-Engel-Presse Walter Stähle
1952–1994

te
deum
laudamus

TE DEUM LAUDAMUS
[1.] Druck in 100 Exemplaren

Stuttgart 1952
13,5 x 17,5 cm
10 Seiten [auf Bütten] in der
geschmückten Unziale Ernst
Engels, dreifarbiger Druck
Papierband

[2. Auflage 1957 in 150 Exemplaren,
davon 100 im Auftrag von
Richard Doetsch-Benziger in Basel,
für seine Freunde]

Tu ad liberandum suscepturus
hominem
  non horruisti virginis
uterum.

Tu devicto mortis aculeo
aperuisti credentibus regna
coelorum.

Tu ad dexteram dei sedes/
in gloria patris.

Judex crederis
esse venturus.

Te ergo quaesumus/tuis
famulis subveni/
  quos pretioso sanguine
redemisti.

Aeterna fac
cum sanctis tuis in gloria
numerari.

Salvum fac populum tuum/
domine/
  et benedic hereditati tuae.

Et rege eos/et extolle

37

DIE BERGPREDIGT
JESU CHRISTI

[2.] Druck in 200 Exemplaren
im Auftrag von Richard Doetsch-
Benziger, 100 davon numeriert
für seine Freunde
Stuttgart 1954/1955
12 x 19 cm
30 Seiten [auf Japan-Bütten] in
der Schwabacher von Ernst Engel,
dreifarbiger Druck
Papierband

DIE
BERG
PREDIGT
JESU
CHRISTI

SELIG SIND
die da geistlich arm sind;
denn das Himmelreich ist
ihr. Selig sind, die da Leid
tragen; denn sie sollen getröstet werden. Selig sind
die Sanftmütigen; denn sie
werden das Erdreich besit-
zen. Selig sind, die da hun-
gert und dürstet nach der
Gerechtigkeit; denn sie sollen satt werden. Selig sind
die Barmherzigen; denn
sie werden Barmherzig-
keit erlangen.

2

Da er aber das Volk sah,
ging er auf einen Berg und
setzte sich; und seine Jünger
traten zu ihm. Und er tat
seinen Mund auf, lehrte sie
und sprach:

1

HANS H. BOCKWITZ
Über Riesenholzschnitte des
16. Jahrhunderts

[3.] Druck in 75 Exemplaren
Stuttgart 1962/1975
18,5 x 25 cm
8 Seiten auf Zerkall-Bütten in der
Schwabacher von Ernst Engel
Eine montierte Faksimile-Abbildung
Französische Broschur mit
Titel-Linolschnitt

Das bedeutendste Denkmal unter den Riesenholz-
schnitten des frühen 16. Jahrhunderts aber stellt die
Ehrenpforte Kaiser Maximilians dar, die bei 3,5 m Höhe
und 3 m Breite fast 200 Holzstöcke erforderte. Der Ge-
samtentwurf dieser nach Art der altrömischen Triumph-
bögen erdachten „Pforten der Ehren", die sich der Kaiser
zur Verherrlichung und Popularisierung seiner Persön-
lichkeit und seiner Regierungszeit schaffen ließ, stammt
von Albrecht Dürer unter Mitwirkung des kaiserlichen
Hofgeschichtschreibers Stabius und des kaiserlichen
Hofmalers Kölderer. Die Holzstöcke wurden nach Dü-
rers Entwürfen von den Holzschnittkünstlern Springin-
klee, Wolf Traut, Altdorfer und vielleicht auch von Hans
Dürer ausgeführt, wobei es nicht ausgeschlossen ist, daß
Albrecht Dürer die Zeichnungen auf einige der Druck-
stöcke selbst geliefert hat. Die Ausführung des Schnei-
dens in Holz dürfte hauptsächlich Sache des geschickten
Formschneiders Hieronymus Andreae gewesen sein.

Ehrenpforte
des Kaisers Maximilian
(Ausschnitt)

39

NECATI CUMALI
Karakolda [Eine türkische Ballade
in sieben Liedern]

4. Druck in 150 numerierten
Exemplaren
Stuttgart 1957
17,5 x 25,5 cm
23 Seiten [auf Römerturm-Bütten]
in der Großen Unziale von Ernst
Engel, zweifarbiger Druck
Acht montierte [Original-] Linol-
schnitte auf Japan von Mustafa
Aslier, Istanbul
Illustrierter Papierband
Impressum von Künstler und
Drucker signiert

ali der waise, aus dem dorfe özbek,
hat seinen nachbar ömer den schlanken,
der seinen acker dreissig schritte über
die grenze gepflügt hatte, erschossen.
wir wollen hören, was die bewohner von
özbek und die beiden frauen von ali und
ömer nach dem ereignis erzählt haben.

das lied eines bauern, der an jenem morgen
den ömer gesehen hat

in der morgendämmerung
- hab' es gesehen - auf dem rotschimmel
ritt ömer von unten her
um die schultern den jagdrock
lackstiefel an den füssen

rasen von tau befeuchtet
pappeln beiderseits - weiss, grün
ein vogel fliegt vorne auf
der bach ruft ihm etwas nach

özbek liegt noch in den schatten
ein frisches blau breitet sich am himmel
in der morgendämmerung
ömer sitzt auf dem rotschimmel
grüsst fliegende vögel, die aufgehende sonne
- hab' es gesehen - ritt von unten her.

JOSEF EBERLE
Zehn ausgewählte Epigramme

5. Druck in 55 numerierten
Exemplaren
Stuttgart 1964
59 x 34 cm
10 Blätter auf Echt Kozo-Japan mit
lateinischem Text in zweifarbig
gedruckten Original-Holzschnitt-
Lettern von Walter Stähle, deutscher Text in der Janson-Antiqua
Titel vom Verfasser, Impressum
vom Drucker signiert
Halbgewebeband

Zehn ausgewählte Epigramme von Josef Eberle

DER DICHTER   wer die Sekunde, die flieht, wer den verwehenden Wind?   froh oder schmerzlich bewegt, Dauer zu geben im Lied.

Wer vermöchte des Stroms enteilende Wellen zu halten,   Aber der Dichter vermags, dem leisesten Hauch, der das Herz ihm

JOSEF EBERLE

41

HEINZ-MAX AID
Blockflöte
Gedichte

[6.] Druck für den Bleicher-Verlag,
Gerlingen, in 200 numerierten
Exemplaren
Stuttgart 1968
16 x 26 cm
24 Seiten als Blockbuch auf Zerkall-
Bütten in der Romann-Antiqua
Acht Holzschnitte von Hans
Schultz-Severin, gedruckt von den
Original-Stöcken
Impressum von Verfasser, Künstler
und Drucker signiert
Illustrierter Halblederband von
Erwin Schwenk, Loßburg

verwandlung

und er vollzog es
unwirklich ward die wirklichkeit
ich sah die madonna von stuppach
die wandlung vollzog er
an mir
wunder oder magie
ich halte das haupt in's licht
die seele in den brunnen
des jenseits
meine hände sind weiß
und werfen schatten
auf den altar
der vollziehung
diesseits aber breitet
verzaub'rung sich aus
und bettet meine lust
in's grab
unwirkliches geschieht
wirklich
lüge wird wahr
schwarz ist weiß
wohin wende ich den blick
vor dieser wandlung
die er schweißkalt
vollzog

42

Drei König wir, die unbenannt   Dreikönig=
sein wollen, bringen allerhand   ständchen
Geschenke euch durch Wüstensand
ins Äolsharfquartier.
Damit Musik dies Fest begleitet,
hat unser Kammertonwesir
zudem ein Ständchen vorbereitet.

Ich, Schwarzer Schah von Kroscheschmauch,
biet einen Kelch mit Schinkenrauch
und Lerche, Hummer, Lachs, Kapaunen
in einer Mandelblüte.
Ansonsten schleppt das Nashornleder
rund dreizehn Tonnen Dörrkaldaunen.
Mein Sklave spielt Flamingofeder.

Ich, Großmogul von Lutschestan,
bring Ingwer, Nüsse, Marzipan,
dazu kandierte Binseneier
in einer Mausohrtüte.
Doch mag mit sechzig Sack voll Bohnen
das Elefantentier sich lohnen.
Mein Sklave dreht die Sternwindleier.

Von mir, dem Scheich von Schleckerzid,
Muskat, Succade und Kaneel,
Anis, Vanille, Zimt und Kapern
in einem Knopf aus Güte.
An Sauerkraut solls nimmer hapern –

CLEMENS M. BÄR
Winterquartett [Gedichte]

[7.] Druck in 350 Exemplaren
Stuttgart 1972
12,5 x 22 cm
6 Seiten [auf Hoyosho-Japan] in der
Koch-Antiqua
Impressum vom Drucker signiert
Leporello in Büttenumschlag mit
Blindprägung

MANFRED HAUSMANN
Altmodische Liebesgedichte

8. Druck in 210 numerierten
Exemplaren
Stuttgart 1975
16 x 25 cm
46 Seiten auf geripptem Römer-   Zeichnungen von
turm-Bütten (Nummern 1 bis 6 auf   Elfriede Weidenhaus
handgeschöpft Seidayu-Japan, 7 bis   Impressum von Verfasser,
85 auf Arches-Bütten) in der Koch-   Künstlerin und Drucker signiert
Antiqua und Luther-Fraktur   Illustrierter Büttenkarton von
                                     Martin Kugler, Stuttgart

Violen verdämmert der Strauß
im Spiegelrund.
Lösch auch die Kerze noch aus,
dann wird es kund.

Der Entfernten

Es mag die Wunderwelten geben
in Zeit und Raum,
doch mir geschieht das tiefste Leben
nur noch im Traum.

Nur dann darf ich mit meinem Mund
nach dir verlangen,
dein Atmen aus der Kehle Grund
so heiß empfangen,

nur dann den Duft der Brüste küssen
so namenlos
und um die dunkle Wildnis wissen
von deinem Schoß,

nur dann für einen Augenblick
den Wahnsinn sehen
in deinen Augen, die vor Glück
und Qual vergehen,

nur dann dich halten und behüten,
wenn du aufschreist,
weil all die Lust mit ihrem Wüten
dich von mir reißt,

31

44

2820 Bremen 71   4.9.83   Dillener St. 49

Lieber Herr Stelle,

hier kommen die „Altmodischen" mit erfreulichem Dank zurück. Sie haben uns viel geholfen bei der Zusammenstellung der Gedichte für die Werbungsgabe.

Ich wünsche Ihnen viel Erfolg bei allen Ihrer Arbeiten — Grüße die herzlig.

Ihr

[Unterschrift]

Alle Bücher dieser Welt
Bringen dir kein Glück,
Doch sie weisen dich geheim
In dich selbst zurück.

Dort ist alles, was du brauchst,
Sonne, Stern und Mond,
Denn das Licht, danach du frugst,
In dir selber wohnt.

Weisheit, die du lang gesucht
In den Bücherein,
Leuchtet jetzt aus jedem Blatt
Denn nun ist sie dein.

Hermann Hesse

HERMANN HESSE
Ein altes Buch
Aus den Papieren eines
Altmodischen

9. Druck in 200 numerierten
Exemplaren
Stuttgart 1977
11 x 14 cm
64 Seiten in der Mörike-Fraktur
von Ernst Engel und der Unger-
Fraktur [Titel], zweifarbiger Druck
Ein Titelblatt-Faksimile
Papierband von Martin Kugler,
Stuttgart

Die Buchstabenschmuckleisten der
Kapitelanfänge bilden ein Akrosti-
chon: hintereinander zu lesende Anfangsbuchstaben, die ein Wort, einen
Namen oder einen Satz ergeben

Unter den verschiedenen Ausgaben des Novalis, die ich allmählich zusammengebracht habe, ist auch eine „vierte, vermehrte" vom Jahr 1837, ein Stuttgarter Nachdruck auf Löschpapier in zwei Bänden. Seit dessen erstem Besitzer, dem Großvater eines meiner Freunde, ist es dauernd in Händen von mir bekannten oder verwandten Leuten geblieben, so daß seine Geschichte mir leicht zu erforschen war.

II

Es war im Frühling des Jahres 1838. Der Chef der Witzgall'schen Buchhandlung in Tübingen schnitt ein saures Gesicht. Sein erster Gehilfe stand neben ihm am Stehpult und hielt ein Handbillett des Kandidaten Rettig in den Fingern, während auf dem Pulte das Bücherkonto ebendesselben Kandidaten aufgeschlagen lag. Auf diesem Konto stand in netter Schrift und klaren Zahlen der ganze stattliche Bücherbezug des Studiosen Rettig seit sieben Semestern verzeichnet. Zu Anfang fanden sich je und je einzelne Zahlungen von einigen Gulden

8

9

47

MANFRED HAUSMANN
Der golddurchwirkte Schleier
Gedichte um Aphrodite

10. Druck in 560 numerierten
Exemplaren
Stuttgart 1977/78
21,5 x 28 cm
54 Seiten auf Dosabiki Masashi
Japan in der Orpheus und
Euphorion von Walter Tiemann
Zeichnungen von Elfriede
Weidenhaus
Impressum von Verfasser,
Künstlerin und Drucker signiert
Illustrierter Papierband von Martin
Kugler, Stuttgart

Die Zeichen

Mach dir den Sinn doch nicht schwer, Pherenike! Es dämpft meine Liebe
    nicht im mindesten doch – wär es die Liebe denn sonst? –

daß ein Fältchen sich hier, sich dort ein Äderchen anzeigt,
    eine verborgene Schrift unter dem Samt deiner Haut.

Jedes Zeichen erzählt von den Wahnsinnswonnen des Lagers,
    von der Vergeblichkeit auch aller erlittenen Lust.

Und so steigt, wenn du wieder zur Nacht das matte Erdämmern
    deiner Nacktheit mir schenkst, Stunde um Stunde herauf

unserer Liebe, durchweht von Traurigkeiten und Hoffnung.
    Trügst du die Zeichen nicht, wären wir nicht, die wir sind.

Aber wer sind wir? Verlorene doch, unendlich verloren
    wie in der ersten Nacht. Gib mir den dunkelnden Mund!

Manfred Hausmann

Der golddurchwirkte Schleier

Gedichte um Aphrodite

mit Zeichnungen von Elfriede Weidenhaus

Schlaf

Leiser, schlag leiser, mein Herz! Er schläft. Die wissenden Hände
    ruhen und wissen nichts mehr. Manchmal nur murmelt der Mund,

der geschwollen noch ist von den wilden und wahllosen Küssen,
    wie aus der Ferne ein Wort, schließt sich und wird wieder still.

So ein großer Mann, dem alle mit Achtung begegnen,
    wenn er im Rat der Stadt wachsam die Stimme erhebt,

wenn er die Freunde begrüßt und den Wein verschüttet zum Opfer,
    wenn zu Pferde sitzt oder die Rundscheibe wirft,

so ein großer Mann – und schläft nun im Schutz meiner Arme,
    atmet nun stetig und heiß gegen die Haut meiner Brust.

Als er vorhin mit stummer Gewalt mich wieder bezwungen,
    meinte ich, eh ich verging, seliger könnt ich nicht sein.

Aber ich glaube, dies läßt mein Blut noch seliger strömen,
    dies, daß er nun wie ein Kind unter den Brüsten mir liegt.

DER NEUNZIGSTE PSALM

11. Druck in 150 numerierten
Exemplaren
Stuttgart 1980
25 x 14,5 cm
8 Seiten als Blockbuch auf
[Altdeutsch] Bütten in Wiedergabe
einer Kalligraphie von Walter
Stähle, zweite Farbe von ihm mit
der Hand eingeschrieben
Impressum vom Drucker signiert
Englische Broschur

HERR / 1 Ein Gebet Mose's, des Mannes Gottes. GOTT, du bist unsre Zuflucht für und für. 2 Ehe denn die Berge wurden und die Erde und die Welt geschaffen wurden, bist du, Gott, von Ewigkeit zu Ewigkeit, 3 der du die Menschen lässest sterben und sprichst: Kommt wieder, Menschenkinder! 4 Denn tausend Jahre sind vor dir wie der Tag, der gestern

RUDOLF HAGELSTANGE
Meersburger Elegie

12. Druck in 530 numerierten
Exemplaren
Stuttgart und Meersburg 1982
19 x 20 cm
36 Seiten auf Zerkall-Bütten in der
Palatino und Michelangelo von
Hermann Zapf
Sieben Federzeichnungen von
Richard Wilhelm Allgaier,
Bad Waldsee
Impressum von Verfasser, Künstler
und Drucker signiert
Marmorierter Papierband von
Ingeborg Anselment, Meersburg

wie Brandung hinaufschäumt und Fuß faßt inmitten
der Häuser und Gärten, brüderlich teilend
den Atem des Pflegers und jeden Tropfen
geopferten Schweißes köstlich vergeltend,
bewegendes Beispiel?

Erde brauchen wir alle, um Wurzel zu schlagen,
braune, körnige Erde, nur wenig, daß wir der Blumen
Schicksal verstehn und das Sinnbild der Früchte,
die wir täglich mit Hochmut verzehren, nicht ahnend,
wie sie sich mühen und sparen und warten,
bis sie uns reiften. Denn an den harten und glatten
Flächen der riesigen Städte gleitet das Leben
ab und verliert sich.

Gebt ihnen Erde und Freiheit,
den zahllos Vertriebenen, wieder zurück,
ihr Großen der Erde!
So stiftet ihr Frieden.

Sehet das Wasser! Da blüht in der Tiefe
ein ewiges Reich. Da steigen und fallen
Geschlechter und Völker: die silbernen, blauen,
die Felchen, gesprenkelte schnelle Forellen,
die rastlosen Hechte, die trägeren Braxen und Karpfen . . .
Wer ordnet, regiert und verwaltet ihr Leben?
Und all die gefiederten Schwärmer des Himmels,
im Schilfe zuhaus und im Schatten der Wälder,
die zahllosen Namen, – wem sind sie verdächtig?

Die Erde, die Luft und das dichtere Wasser,
vom Feuer der Sonne umspielt und durchwoben,
gehören auch uns
Geschöpfen des Schöpfers.

Ist es nicht, aus dem kühleren, grünen
Erinnern der Kindheit und dem, ach, immer
südwärts gewendeten Sehnen gezeugt, wie am Auge
endlosen Himmels ein zärtliches Lächeln, eine

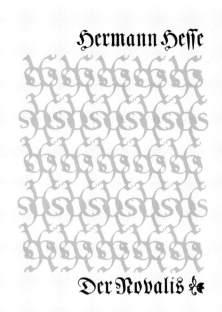

Hermann Hesse

Der Novalis

HERMANN HESSE
Der Novalis
Aus den Papieren eines
Altmodischen

13. Druck in 250 numerierten
Exemplaren
Stuttgart und Meersburg 1983
11,5 x 14,5 cm
64 Seiten auf Ederol Filterpapier
in der Mörike-Fraktur von Ernst
Engel [Titelzeilen in der Luther-
Fraktur], zweifarbiger Druck
Ein Titelblatt-Faksimile
Illustrierter Papierband von
Martin Kugler, Stuttgart
[veränderte Neuausgabe des
9. Druckes]

Die Buchstabenschmuckleisten der
Kapitelanfänge bilden ein Akro-
stichon: hintereinander zu lesende
Anfangsbuchstaben, die ein Wort,
einen Namen oder einen Satz
ergeben

IV

Unvermutet schnell wie immer war der Sommer herangekommen. Die Studenten reisten nach
allen Seiten fort in die Heimat oder auf Vetter-
reisen. Der fleißige Hauslehrer, obwohl auch er einige Wochen Urlaub erhalten hatte, war in Tübingen geblieben, um zu arbeiten. Der heiße August
brannte auf den Dächern und glühte in den engen,
gepflasterten Gassen der Stadt. Der Kandidat Rettig hatte sein Examen gemacht und war noch am
letzten Tage des Semesters zu Brachvogel gekom-
men, um den Rest seines Novalistalers zu holen.

31

51

Einband zum 29. Druck
(siehe Seite 69)

Einband zum 33. Druck
(siehe Seite 73)

Wahrhaft
eine »reiche Aue« ...

Otto Heuschele

Gedanken und Erinnerungen an einen Tag auf der Insel Reichenau

mit Zeichnungen von Robert Stähle

OTTO HEUSCHELE
Wahrhaft eine reiche Aue ...
Gedanken und Erinnerungen an
einen Tag auf der Insel Reichenau

14. Druck in 165 numerierten
Exemplaren
Stuttgart und Meersburg 1983
25 x 17,5 cm
18 Seiten als Blockbuch [auf holz-
freies Werkdruckpapier] in der
Garamond und -Kursiv [Stempel]
Sechs Zeichnungen [Serigraphien]
in zweiter Farbe von Robert Stähle
Impressum von Verfasser, Künstler
und Drucker signiert
Illustrierte chinesische Blockbuch-
bindung [von Ingeborg Anselment,
Meersburg]

schauen auf das Kommende, denn es liegt um dieses kleine Eiland noch immer ein geheimnisvoller Zauber. Die Insel erscheint heute wie ein großer Garten; wenn wir von der Schiffslände zur Mitte wandern, säumen die Gärten vor den Häusern unsern Weg, eine Blumenfülle begrüßt uns, wie wir ihr nur selten in dieser Herrlichkeit und intensiven Farbfülle begegnen. Man spürt es – diese Menschen lieben die Blumen und pflegen sie.

Aber alsbald entdeckt das Auge auch die großen Gewächshäuser und die weithin sich dehnenden Gemüsefelder. Das Gemüse, das hier ange-baut wird, wandert weit ins Land hinaus auf die Märkte und in die Verkaufshallen der großen Städte. Das Klima ist dem Gartenbau wie der Blumenzucht günstig, der Boden fruchtbar; man sagt mir, die Kiesel, die überall in den Gemüsebeeten zwischen der fruchtbaren Erde liegen, speicherten die Wärme, und man spricht auch von einer gewissen Radioaktivität, die von diesen Steinen ausgehe. Jedenfalls wird das

4

Es war ein schöner Tag, als wir zur Insel Reichenau hinüberfuhren. Über dem Land spannte sich ein wolkenloser tiefblauer Himmel, über dem See lag das sommerliche Leuchten, und das Wasser spielte in vielen Brechungen; vom hellen Silber bis ins dunkle Grün waren alle Nuancen zu erkennen.

Wir verließen das Schiff, und mit uns gingen zahlreiche Sommer-gäste an Land; Menschen, welche die Insel kannten, andere, in deren Antlitz die Erwartung zu entdecken war, dieses heiter gespannte Voraus-

3

Insel unüberhörbar zu uns spricht: Eingedenk zu bleiben unserer Ver-pflichtung der durch den Menschen heute so sehr bedrohten Natur wie dem abendländischen Erbe gegenüber.

16

MANFRED HAUSMANN
Altmodische Liebesgedichte

15. Druck in 285 numerierten
Exemplaren
Stuttgart und Meersburg [1985]
18 x 26,5 cm
46 Seiten auf elfenbein Zerkall-
Bütten in der Euphorion von
Walter Tiemann
Zeichnungen von Elfriede Weiden-
haus
Impressum von Verfasser, Künst-
lerin und Drucker signiert
Illustrierter Papierband von
Ingeborg Anselment, Meersburg
[veränderte Neuausgabe des
8. Druckes]

Altmodische Liebesgedichte

von Manfred Hausmann
mit Zeichnungen von Elfriede Weidenhaus

MASCHA

Ich habe einen Stein in der Hand,
halb grau, halb schwarz,
und quer hindurch ein silbernes Band
aus Quarz.

So grau, so schwarz wie der Stein bin ich
und schwer dazu.
Aber der feine, der silberne Strich
bist du.

UNTER DEM SCHNEE DER ZEIT

Verschneite Welt.
Es schneit und schneit.
Die Gleichheit überall.

Aber ich weiß die Anemonen noch
in der Schlehdornhecke
und das Geflimmer noch
über den Roggenbreiten,
weiß noch die Biegung,
wo der Wald flußüber hing,
das Lichtgeblitze noch
an den Altweibersommerfäden,
den Apfelduft
noch des Septembers.

Dein Haupt
unter dem Schnee deines Haares,
unter dem Schnee der Zeit.

Aber ich weiß,
Geliebte,
ich weiß noch alles.

43

54

DIE BERGPREDIGT

16. Druck in 390 numerierten
Exemplaren
Stuttgart und Meersburg [1985]
13 x 20 cm
34 Seiten auf matt satiniert holzfrei
weiß Natura Schrift- und Bilder-
druckpapier in der Schwabacher von
Ernst Engel, Titelzeilen von Walter
Stähle, Initialen von ihm in zwei

Farben mit der Hand eingeschrieben
Titelholzstich von Willi Seidl nach
Zeichnung von Albrecht Appelhans
Impressum vom Drucker, Holzstich
vom Stecher signiert
Papierband und Lederband von
Ingeborg Anselment, Meersburg
[Veränderte Neuausgabe des
2. Druckes]

DIE
BERG
PREDIGT
JESU
CHRISTI

Als er aber das Volk sah,
ging er auf einen Berg und
setzte sich; und seine Jünger
traten zu ihm. Und er tat
seinen Mund auf, lehrte sie
und sprach:

55

GEBET
des heiligen Franziskus von Assisi

O Herr,
mache mich zum Werkzeug deines Friedens,
dass ich Liebe übe,
da, wo man sich hasst,
dass ich verzeihe,
da, wo man sich beleidigt,
dass ich verbinde,
da, wo streit ist,
dass ich Hoffnung erwecke,
wo Verzweiflung quält,
dass ich ein Licht anzünde,
wo die Finsternis regiert,
dass ich Freude bringe,
wo der Kummer wohnt.
Ach Herr,
lass du mich trachten,
nicht, dass ich getröstet werde,
sondern dass ich tröste,
nicht, dass ich verstanden werde,
sondern dass ich verstehe,
nicht, dass ich geliebt werde,
sondern dass ich liebe;
denn wer da hingibt, der empfängt,
wer sich selbst vergisst, der findet,
wer verzeiht, dem wird verziehen;
und wer da stirbt,
der erwacht zum ewigen Leben.

Amen

HUGO HARTUNG
Das Tönchen
Eine vergnügliche Geschichte [über
die mysteriöse Entstehung eines
Backwerks, genannt »Nonnen-
fürzchen«]

17. Druck in 450 numerierten
Exemplaren [zusätzlich 40 römisch
numerierte Verlagsexemplare]
Stuttgart und Meersburg 1984/85
17,5 x 16,5 cm
37 Seiten auf Linoldruck-Papier
holzfrei weiß in der Trump-
Mediäval
Zehn montierte Holzstiche [von
den Original-Stöcken] auf Japan
von Robert Stähle
Papierband von Ingeborg Anselment, Meersburg, handmarmorier-
tes Überzugpapier von Klaus
Gehring, Fellbach

Äbtissin, sich selbst eines furchtbaren Sakrilegs be-
schuldigend.

Doch jene, die, trotz biblischen Alters und ihrer
hohen geistlichen Würden, noch viel von der heite-
ren Anmut dieser südlichsten Provinz ihres Vater-
landes besaß, meinte, es sei ja wohl des Menschen
ganzer Leib von Gott geschaffen, und also möge er
auch in jedem Sinne, recte von jeder Seite, als sein
Sprachrohr dienen. Und da die fromme Mutter nicht
nur eine anmutige und lebenskluge Frau war, sondern darüber hinaus, als Tochter ihrer bäuerlichen
Heimat, ihren Vorteil wohl zu wahren wußte, ließ
sie auch diesen kleinen Vorfall mit in die Chronik

30

ALFRED RICHARD MEYER
Meersburger Burgunder
Eine vinolente Fuge
Aufgespielt von Munkepunke

18. Druck in 450 numerierten
Exemplaren
Stuttgart und Meersburg 1985
10,5 x 16,5 cm
16 Seiten auf Eiderdruck holzfrei
Werkdruckpapier in der [halbfetten]
Breitkopf-Fraktur und Kleist-
Fraktur-Initialen [Tiemann]
Illustrierter Papierband von
Ingeborg Anselment, Meersburg
Impressum vom Drucker signiert

6

ger Burgunder genannt, unbedingt jung zu
trinken, und zwar möglichst im „Becher". Über-
haupt der „Becher", der in Meersburg eine
Weinstube ist, mitten in der alten Burgmauer
gelegen.

Der Hauptsatz der Fuge.

Ferien — Ferien — Sonne — Sonne —
See — See — See — die Meersburg.
Von der ersten Violine langsam, fast
schwerfällig, von wegen der Hitze, zuerst als
Führer dreimal in der Tonika vorgetragen, als-
dann von der zweiten Violine, eine Quinte
höher, quasi den steilen Berg hinan, etwas
schneller in heitererer Leichtigkeit emporgehoben.
Links wird das Fürstenhäusel der Dich-
terin Tante Nettchen von Droste-Hülshoff
sichtbar.
Der Baß brummelt dazwischen aus dem
Briefe vom 18. November 1843 an Elise Rü-
diger: „Die Reben hat der alte Bischof mir
aufs beste gewählt, Burgunder, Traminer,

7

Gutedel — so kann ich also in guten Jahren
auf zehn Ohm vortrefflichen und ebensoviel
mittelmäßigen Wein rechnen".
(Die musikalisch unterschiedlichen Fein-
heiten zwischen Burgunder, Traminer, Gutedel, vom Basse mehr denn nur diskret angedeutet, muß sich hier der Leser selbst sinnlich
vorstellen — mit dem Troste: daß der „Becher"
auf den mittelmäßigen Wein verzichtet, ver-
steht sich).
Doppelter Kontrapunkt: „Der Becher".
Klagend die Klarinette, eine Quart tie-
fer: die definitiv letzte Blaufelche, von beäng-
stigender Dimension, wird einer Chemnitzer
Kommerzienratsgattin — Dimension obligat
entsprechend — aufgetragen.

Die Antwort der Fuge
(lateinisch „Comes" genannt).

Die Klarinette torkelt ärgerlich in das
zweite Hauptstück, in den „Gefährten": „Wenn
dir das man bloß bekommt!"

MANFRED HAUSMANN
Bei geöffneten Fenstern
Ein [Gedicht-] Fragment

19. Druck in 330 numerierten
Exemplaren
Stuttgart und Meersburg 1986
20 x 28 cm
24 Seiten auf handgeschöpftem eng-
lischen Bütten in der Koch-Antiqua
Eine signierte Originalradierung
und neun Zeichnungen von Elfriede
Weidenhaus
Impressum vom Drucker signiert
Illustrierter Halbgewebeband [von
Ingeborg Anselment, Meersburg]

Weil ich deine, deine Deine bin,
du mein tiefstes Leben,
hab ich alles Meine ohnehin
dir gegeben.

Hand und Haar liebkosen deine Haut
hier und aller Enden.
Mag der Duft der Rosen, sternbetaut,
sich verschwenden,

mich erregt ein weher andrer Duft,
der mit seinem Schweigen
näher mich und näher zu dir ruft,
daß im Neigen

14

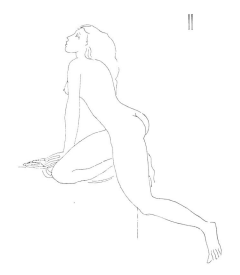

II

RUDOLF HAGELSTANGE
Die Engel
Los Angeles – 1954
[Unveröffentlichtes Gedicht-
Manuskript aus dem Nachlaß]

20. Druck in 125 numerierten
Exemplaren
Stuttgart und Meersburg 1988
19 x 20,5 cm
19 Seiten auf Vélin Arches Bütten
in der Garamond der D. Stempel
AG
Drei handsignierte Zeichnungen
von Marianne Sidenstein, Titelinitial
in Holzschnitt (Venedig 1500)
Impressum vom Drucker signiert
Halblederband und handmar-
moriertes Überzugpapier von
Ingeborg Anselment, Meersburg

Rudolf Hagelstange

DIE ENGEL

Los Angeles – 1954

Zeichnungen
Marianne Sidenstein

Wo, in diesem Wirbel der Millionen,
sammelt sich die Mitte, ist der Ort,
da du ruhen kannst und gastlich wohnen –
wehrlos, schwerelos - mit deinem Wort?
Wo du flügelst, triffst du Widerstände,
und das Unbeseelte tut dir weh.
Schöne Hügel gürten das Gelände;
doch sie hüten kein Fiesole.

Aber irgend von den schroffen Flanken
des Gebirges, das die Wüste grenzt,
spüren meine Sinne und Gedanken
einen Hauch, von dem die Luft erglänzt,
Hauch von eines Flügels sanfter Regung,
die vor Zeiten träumerisch geschah,
als das Menschenauge die Bewegung
noch der körperlosen Seelen sah.

Und sie kehren wieder, die Gestalten,
und sie kleiden sich in dich und mich,
die wir allen doch als Menschen galten,
atmen, lächeln und verjüngen sich
zu dem uralt-jungen Liebespaare,
das einander staunend sich erkennt
und in dem des Opfers wunderbare
Flamme weiter durch die Zeiten brennt.

Ach, wie hat sie dich so schön verwandelt!
Und wie erst verwandelte sie mich …
Wer hat dieses Bündnis ausgehandelt?
Jede Faser an mir liebte dich.
Jede Fiber bebte dir entgegen.
Jede Pore atmete dich ein.
Konnte eine Freude dich bewegen,
ohne mein Entzücken auch zu sein?

8

9

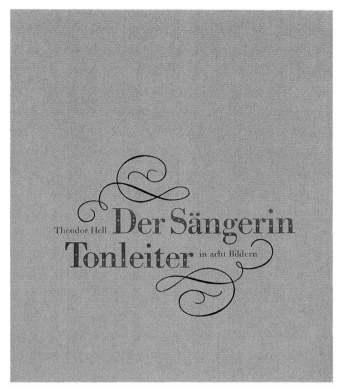

THEODOR HELL
Der Sängerin Tonleiter in acht
Bildern
[Ein episches Gedicht aus dem
19. Jahrhundert]
Einleitung Herbert Lechner

21. Druck in 150 numerierten
Exemplaren
Stuttgart und Meersburg 1989
21 x 24,5 cm
39 Seiten als Blockbuch auf matt
holzfrei Offset in der Bodoni der
Bauerschen Gießerei und der
Linotype-Walbaum-Antiqua
Acht Stahlstich-Reproduktionen
nach Zeichnungen von [Johann
Heinrich] Ramberg
Impressum vom Drucker signiert
Chinesische Blockbuchbindung von
Rudolf Schiller, Stuttgart, mit
illustriertem Büttenumschlag

Thür und Thore stehen offen
Zu dem Budoir;
Kommt, Besiegte! bringt Geschenke
Wie sich's ziemet dar!
Und schon naht mit Schmeichelschritten
Der Verehrer Schaar,
Die seit Evchens erstem Tone
Fesselpflichtig war.

19

Jugend nahet sich am schnellsten,
Küßt die schöne Hand,
Bringt freigebig mit der andern
Reichen Schmuckes Pfand.
Lächelnd blickt herab die Holde
Schon voll Kunstverstand,
Halb doch schielend nach dem nächsten
Das zugleich gesandt.

Denn schon naht mit Silberschalen
Sich dort der Jokey,
Und ein dickes Zwerglein watschelt
Mit dem Korb herbei,
Während ihm der Dürre zeiget
Wo die Schöne sey,
Daß er Shawls und Spitzenkragen
Ihren Reizen weih'.

Eifersüchtig steht ein Vierter
Ganz im Hintergrund,
Der gezog'ne Degen machet
Seine Wuth schon kund.
Nur herein. glatzköpf'ger Ritter,
Hier gilt jedes Pfund,
Siehst Du denn nicht hinter'm Spiegel
Dort den schönen Bund?

DORIS CARSTANJEN-KRAFT
Kennst du das Land?
Liebeserklärung an meine Heimat,
geschrieben 1956

22. Druck in 430 numerierten
Exemplaren
Stuttgart und Meersburg 1986
16 x 16,5 cm
22 Seiten auf Sympathikus Werk-
druck in der Monotype-Garamond-
Kursiv
Sechs Federzeichnungen in zweiter
Farbe von Adolf Huber
Impressum von Verfasserin, Künst-
ler und Drucker signiert
Papierband [von Ingeborg
Anselment, Meersburg]

*Land am geliebtesten Bruder des Rheins; junge Donau, die Alb immer
wieder in romantischen Felsengen durchbrechend, bis sie in Ulm die
Weite sucht und in Erinnerung an reichsstädtischen Glanz das Münster
noch in ihren Wassern spiegeln läßt; Hohenlohische Ebenen mit fürst-
lichen Schlössern an ihren Rändern; Bodensee! Schwäbisches Meer!
Dich suchen nun wieder die, denen Riviera und atlantisches Bad nicht
mehr so Lockendes bieten; blaue, schimmernde Flut, in der sich der
Säntis besieht, uralte Landschaft reicher Kultur. Über Markgräfler
Land und dem Kaiserstuhl fächelt südliche Luft, die Zeder ist dort zu-
hause und Wein für die Kenner. Warme Quellen schenken Heilung für
allerlei Not, und der Rhein wird schon Strom. Neckar und Rhein treffen
sich brüderlich, verbinden den Geist und die größten Fabriken eng nach-
barlich in den Städten, nachdem der Odenwald voll Zauber und roman-
tischer Burgen den Neckar entlassen.*

*Gewiß ist nicht alles erzählt und berichtet, was das schwäbische
Land uns verkündet: die Moränenlandschaft im Süden, fruchtbar und
stolz in den Höfen, der Schwäbische Wald, verträumt und ein wenig abseits,
das Hegau, vulkanisch bizarr, der Blüten- und Fruchtrand an der Berg-*
8 *straße. Was tuts? Wer sieht nicht das buntreiche Land hier gebreitet?*

LUCIUS ANNAEUS SENECA
Lebensweisheit in Sinnsprüchen
Einleitung Walter Stähle
Erste Folge

23. Druck in 70 numerierten
Exemplaren
Stuttgart und Meersburg 1986
30,5 x 21,5 cm
23 Seiten auf Ederol Filterpapier,
lateinischer Text in zweifarbig
gedruckten Original-Holzschnitt-
Lettern von Walter Stähle,
deutscher Text in der Orpheus
von Walter Tiemann
Impressum vom Drucker signiert
Halbgewebeband von Ingeborg
Anselment, Meersburg

Lebensweisheit in Sinnsprüchen

Den Willigen führt das Geschick,
        den Widerstrebenden schleppt es fort.

HAUSBROT
Ein Gleichnis und »Backrezept«
zum Ehestand von einem Lebenserfahrenen

24. Druck in 250 numerierten
Exemplaren
Stuttgart und Meersburg 1988
18 x 26 cm
10 nicht paginierte Seiten auf
Zerkall-Bütten als Wiedergabe
einer Kalligraphie von Walter

aber auch batziges Mehl, das sich so hinsetzt, als wollte es sagen: Du mußt mich eben nehmen, wie ich bin,
um Deinetwillen ändere ich mich noch lange nicht. Freilich, das beste ist das weiße, lockere Mehl, aber freilich
gerade vom Mehl gilt es halt: man nehme, was man
hat. Eines muß nun gleich zu dem Mehl dazu getan
werden, damit der Teig aufgehen kann und nicht alle
Arbeit von Anfang an umsonst ist, der Herr Jesus hat
es in einem Gleichnis gesagt: es ist der Sauerteig des
Gottesreichs; Gottes Wort gehört von Anfang an in
eine rechte Ehe hinein und sein Geist muß erbeten sein,
damit es eine rechte und gute Ehe gebe.
Dann kommt eine Arbeit, die man ein wenig scheut,
weil es eine schwere Arbeit ist; erst aus der Erfahrung
heraus merkt man aber, wie notwendig gerade diese
Arbeit ist, nämlich das Durchkneten. Ach ja, man stöhnt
oft darüber, daß es immer wieder die gleichen Arbeiten sind, die man tun muß, daß man dies und jenes
immer wieder miteinander durchsprechen und in An-
griff nehmen muß. Vielleicht merkt man darüber gar
nicht, wie die Alltagspflichten doch immer wieder von
einer anderen Seite angepackt werden, wie wir gezwun-
gen werden, alles, aber auch alles, mit dem Sauerteig
in Verbindung zu bringen. Man darf sich dabei nicht
scheuen, auch den anderen fest anzupacken, wenn sich
so irgend ein ungelockerter Mehlknollen gebildet hat;
die beste Hilfe dabei ist es freilich, durch das Gebet das

Hausbrot

*

Ein
Gleichnis
und
„Backrezept"
zum
Ehestand

von einem
Lebenserfahrenen

*

Stähle, sechs Initialen in zweiter
Farbe von ihm mit der Hand ein-
geschrieben, Titel zweifarbig [in
der Luther-Fraktur mit geschrie-
bener Hauptzeile]
Impressum vom Drucker signiert
Handmarmorierte französische
Broschur von der Dorfgemeinschaft
Lautenbach [20 Exemplare in Halb-
pergament mit handmarmorierten
Überzugpapieren von Ingeborg
Anselment, Meersburg]

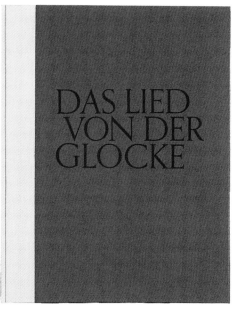

FRIEDRICH SCHILLER
Das Lied von der Glocke
Anhang: Epilog zu Schillers Glocke
von Johann Wolfgang Goethe

25. Druck in 330 numerierten
Exemplaren
Stuttgart und Meersburg 1988
22,5 x 30,5 cm
23 Seiten auf Gekko Hodmura
Japan in der Orpheus und Eupho-
rion von Walter Tiemann
Vier dreifarbige Holzschnitte von
Archibald Bajorat, gedruckt von
den Original-Stöcken
Impressum von Künstler und
Drucker signiert
Halbgewebeband von Ingeborg
Anselment, Meersburg

Von dem Helm zum Kranz
Spielt's wie Sonnenglanz,
Auch des Wappens nette Schilder
Loben den erfahrnen Bilder.

Herein! herein!
Gesellen alle, schließt den Reihen,
Daß wir die Glocke taufend weihen!
Concordia soll ihr Name sein,
Zur Eintracht, zu herzinnigem Vereine
Versammle sie die liebende Gemeine.
    Und dies sei fortan ihr Beruf,
Wozu der Meister sie erschuf:
Hoch überm niedern Erdenleben
Soll sie im blauen Himmelszelt,
Die Nachbarin des Donners, schweben
Und grenzen an die Sternenwelt,
Soll eine Stimme sein von oben,
Wie der Gestirne helle Schar,

Die ihren Schöpfer wandelnd loben
Und führen das bekränzte Jahr.
Nur ewigen und ernsten Dingen
Sei ihr metallner Mund geweiht,
Und stündlich mit den schnellen Schwingen
Berühr' im Fluge sie die Zeit.
Dem Schicksal leihe sie die Zunge;
Selbst herzlos, ohne Mitgefühl,
Begleite sie mit ihrem Schwunge
Des Lebens wechselvolles Spiel.
Und wie der Klang im Ohr vergehet,
Der mächtig tönend ihr entschallt,
So lehre sie, daß nichts bestehet,
Daß alles Irdische verhallt.

Jetzo mit der Kraft des Stranges
Wiegt die Glock' mir aus der Gruft,
Daß sie in das Reich des Klanges
Steige, in die Himmelsluft!
    Ziehet, ziehet, hebt!
    Sie bewegt sich, schwebt.
Freude dieser Stadt bedeute,
Friede sei ihr erst Geläute.

17

65

DER 23. PSALM

26. Druck in 185 numerierten
Exemplaren
Stuttgart und Meersburg 1987
17,5 x 14,5 cm
8 Seiten auf Deutsch-Japan in der
Wilhelm-Klingspor-Schrift von
Rudolf Koch, zweifarbiger Druck
Impressum vom Drucker signiert
Halbgewebeband und Lederband
[von Ingeborg Anselment, Meers-
burg]

Der Herr ist
mein Hirte; mir wird nichts mangeln.
Er weidet mich auf einer grünen Aue
und führet mich zum frischen Wasser.

Er erquicket meine Seele; er führet mich
auf rechter Straße um seines Namens
willen.
Und ob ich schon wanderte
im finstern Tal, fürchte ich kein Unglück;

denn du bist bei mir, dein Stecken und
Stab trösten mich.
Du bereitest vor mir
einen Tisch im Angesicht meiner Feinde.
Du salbest mein Haupt mit Öl und

66

DIE LEGENDE VON EINEM SCHWABEN, DER DAS LEBERLEIN GEFRESSEN

Ein alter deutscher Bürgerspaß, überliefert in Clemens Brentanos »Gesammelten Schriften«, herausgegeben von Christian Brentano in Frankfurt am Main, 1852

27. Druck in 230 numerierten Exemplaren
Stuttgart und Meersburg 1990
17,5 x 15,5 cm
22 Seiten auf Eiderdruck holzfrei Werkdruckpapier in der Schwabacher von Ernst Engel
Neun signierte Linolschnitte von Felix Riedel, Rechberghausen
Impressum vom Drucker signiert
Illustrierter Halbgewebeband von Ingeborg Anselment, Meersburg

Die Legende
von einem Schwaben,
der das Leberlein gefressen
Ein alter deutscher Bürgerspaß,
überliefert in Clemens Brentanos
„Gesammelte Schriften"
herausgegeben von Christian Brentano
in Frankfurt am Main, 1852.

Mit 9 Linolschnitten illustriert von Felix Riedel.
Gesetzt, auf der Handpresse gedruckt und herausgegeben
von Walter Stähle, Stuttgart und Meersburg, 1990.

Gulden und theilte sie in drei Theile. Als solches der Schwab sah, sagte er: „Ei, Lieber, warum machst du drei Theile, es sind doch unser nur zwei." „Ja," sagte unser lieber Herr Gott, „der eine Theil ist mein, der andre dein, und der dritte dessen, der das Leberlein gefressen hat." Da solches der Schwab hörte, schrie er alsbald: „So habe ich's bei Gott und allen Gottes Heiligen gefressen!" und vorher wollte er sich eher henken lassen, ehe er es bekennen wollte; aber da er das Geld sah, bekannte er es ungenöthigt.

18

19

67

BÄUERLICHE WETTER-REGELN IN ÜBERLIEFERTEN SPRICHWÖRTERN

Auswahl und Zusammenstellung
Walter Stähle
Einleitung und Nachwort Wilhelm
Naegler

28. Druck in 110 numerierten
Exemplaren
Stuttgart und Meersburg 1992
21 x 14,5 cm
39 Seiten auf Bugra-Bütten in der
Mörike-Fraktur von Ernst Engel,
einer Schmalen [Jugendstil-] Plakat-
Fraktur und der Luther-Fraktur der
Schriftgießerei D. Stempel AG
Zwölf bildhafte Tierkreiszeichen
von der Schriftgießerei Genzsch
& Heyse in Hamburg, zwölf sym-
bolische (Holzschnitte) aus Bestän-
den der Ernst-Engel-Presse
Impressum vom Drucker signiert
Illustrierter Halbgewebeband von
Rudolf Schiller, Stuttgart

Sommer für alte Weiber, ist des Sommers letzter Verbreiter.
‹ Sind die Hundstage heiß, kostet's den Bauern viel Schweiß.

♍ Wer im Sommer nicht will schneiden,
muß im Winter Hunger leiden.

Wer im Heu nicht gabelt, im Schnitt nicht zappelt,
im Herbst nicht früh aufsteht, seh zu, wie es im Winter geht.

25

Oktober und März gleichen sich allerwärts.
‹ Der Oktober muß zwölf schöne Tage haben wie der März.

♏ Fällt das Laub zu bald, wird der Herbst nicht alt.
‹ Schneit's im Oktober gleich, wird der Winter weich.

Regnets an St. Dionys, so regnets den ganzen Winter gewiß.
‹ Wie's im Oktober wittert, so im nächsten April.

29

68

VON DEN STERNEN ALLEN
SCHÖNSTER DU ...
Eine Anthologie griechischer
Liebesdichtung
Herausgegeben und eingeleitet von
Klaus Koschel
Anhang: Die Dichter und die
Quellen

29. Druck in 70 numerierten
Exemplaren
Stuttgart und Meersburg 1990
20,5 x 31 cm
46 Seiten als Blockbuch, griechische
Texte auf ägyptischem Papyrus,

handgeschrieben von Walter Stähle,
Übersetzungen in der Sonderdruck-
Kursiv, Einleitung und alles weitere
in der Sonderdruck-Antiqua von
Deberny & Peignot, Paris, auf
Gekko Hodomura Japan-Bütten
Impressum von Herausgeber und
Drucker signiert
Deckenband mit Illustriertem
Papyrusüberzug in chinesischer
Blockbindung von Rudolf Schiller,
Stuttgart
(Einbandabbildung auf Seite 52)

IBYKOS
Frühlingsgesang

Frühling ward es und wieder blüht,
Vom saftströmenden Bach getränkt,
Der Kydonische Apfelbaum,
Wo jungfräulicher Nymphen Schar
Tief im Dunkel des Haines spielt
Und die Blüte der Rebe schwillt
Unter schattendem Weinlaub.
Doch nicht achtet der lieblichen
Jahreszeit Eros und läßt mich ruhn,
Nein, wie thrakischer Wintersturm
Widerleuchtend von Blitzesschein
Fällt er, Kyprias wilder Sohn,
Mit blindsengender Wut mich an
Und erschüttert gewaltsam mir
Die Grundfesten des Herzens.

Emanuel Geibel

12

ΙΒΥΚΟΣ

Ἦρι μέν αἵ τε Κυδώνιαι
μηλίδες ἀρδόμεναι ῥοᾶν
ἐκ ποταμῶν, ἵνα Παρθένων
κῆπος ἀκήρατος, αἵ τ' οἰνανθίδες
αὐξόμεναι σκιεροῖσιν ὑφ' ἕρνεσιν
οἰναρέοις θαλέθοισιν· ἐμοὶ δ' ἔρος
οὐδεμίαν κατάκοιτος ὥραν.
..τε.. ὑπὸ στεροπᾶς φλέγων
Θρηικίος Βορέας
ἀίσσων παρὰ Κύπιδος ἀζαλέ
αἰσμανίαισιν ἐρεμνὸς ἀθαμβὴς
ἐγκρατέως πεδόθεν ...φυλάσσει....
ἡμετέρας φρένας.

69

JÖRG ZINK
Am Anfang schuf Gott Himmel
und Erde
[Zeitkritische Vision zur
Schöpfungsgeschichte]

30. Druck in 110 numerierten
Exemplaren
Stuttgart und Meersburg 1991
19 x 28,5 cm
14 Seiten auf Ederol Filterpapier in
der Palatino, Michelangelo und
Sistina von Hermann Zapf
Impressum von Verfasser und
Drucker signiert
Papierband mit Japanfaser-Überzug
und Marmor-Vorsatzpapier von
Ingeborg Anselment, Meersburg

JÖRG ZINK

AM
ANFANG
SCHUF
GOTT
HIMMEL
UND
ERDE

Aber nach vielen Jahrmillionen
war der Mensch endlich klug genug.
Er sprach: Wer redet hier von Gott?
Ich nehme meine Zukunft selbst in die Hand.
Er nahm sie,
und es begannen die letzten sieben Tage der Erde.

AM VIERTEN TAGE

gingen drei von vier
Milliarden Menschen zugrunde.
Die einen an den Krankheiten,
die der Mensch gezüchtet hatte,
denn einer hatte vergessen, die Behälter zu schließen,
die für den nächsten Krieg bereitstanden.
Und ihre Medikamente halfen nichts.
Die hatten zu lange schon wirken müssen
in Hautcremes und Schweinelendchen.
Die anderen starben am Hunger,
weil etliche von ihnen den Schlüssel
zu den Getreidesilos versteckt hatten.
Und sie fluchten Gott,
der ihnen doch das Glück schuldig war.
Er war doch der liebe Gott!

AM FÜNFTEN TAGE

drückten die letzten Menschen den roten Knopf,
denn sie fühlten sich bedroht.
Feuer hüllte den Erdball ein,
die Berge brannten, die Meere verdampften,
und die Betonskelette in den Städten
standen schwarz und rauchten.
Und die Engel im Himmel sahen,
wie der blaue Planet rot wurde.
dann schmutzig braun und schließlich aschgrau.
Und sie unterbrachen ihren Gesang
für zehn Minuten.

NOSSRAT PESESCHKIAN
Der Prophet und die langen Löffel
Eine der Geschichten zum Nach-
denken aus »Der Kaufmann und
der Papagei«

31. Druck in 140 numerierten
Exemplaren
Stuttgart und Meersburg 1992
17,5 x 15,5 cm
13 Seiten auf Eiderdruck holzfrei
Werkdruck in der Sonderdruck-
Antiqua (Nicholas Cochin) und
-Kursiv von Deberny & Peignot,
Paris
Vier Holzstich-Reproduktionen
[lange Löffel] in zweiter Farbe
Impressum vom Drucker signiert
Halbgewebeband von Ingeborg
Anselment, Meersburg

In der Mitte des Raumes brodelte wieder ein Kessel mit Sup-
pe. Jeder der Anwesenden hatte einen jener riesigen Löffel in
der Hand, die Elias und sein Begleiter schon in der Hölle gesehen hatten. Aber die Menschen waren hier wohlgenährt
und man hörte in dem Saal nur ein leises, zufriedenes Sum-
men und das Geräusch der eintauchenden Löffel. Jeweils zwei
Menschen hatten sich zusammengetan. Einer tauchte den Löffel ein und fütterte den anderen. Wurde einem der Löffel zu
schwer, halfen zwei andere mit ihrem Eßwerkzeug, so daß jeder doch in Ruhe essen konnte. War der eine gesättigt, kam
der nächste an die Reihe.

Der Prophet Elias sagte zu seinem Begleiter:
„Das ist der Himmel!"

71

LUCIUS ANNAEUS SENECA
Lebensweisheit in Sinnsprüchen
Einleitung Walter Stähle
Zweite Folge

32. Druck in 90 numerierten
Exemplaren
Stuttgart und Meersburg 1991
30,5 x 21,5 cm
23 Seiten auf Ederol Filterpapier,
lateinischer Text in zweifarbig
gedruckten Original-Holzschnitt-
Lettern von Walter Stähle, deut-
scher Text in der Orpheus von
Walter Tiemann
Impressum vom Drucker signiert
Halbgewebeband von Ingeborg
Anselment, Meersburg

Lebensweisheit in Sinnsprüchen

Allgegenwärtig ist der Tod. Der Götter Sorge war's,
daß Jeder uns das Leben, Niemand uns den Tod rauben könne.
Taufend Wege ftehn zu diefem Heiligtum uns offen.

72

DER SONNENGESANG ECHNATONS
Herausgegeben und eingeleitet, zusammengestellt und bearbeitet von Klaus Koschel

33. Druck in 125 numerierten Exemplaren
Meersburg 1993
22,5 x 30 cm
30 Seiten als Blockbuch auf Zerkall-Bütten, Schriften für den Hymnus Große und Kleine Unziale von Ernst Engel, für die weiteren Texte Kabel leicht von Rudolf Koch
Hieroglyphen und Vignetten zeichnete der Herausgeber nach Vorgaben laut den Bildlegenden
Impressum von Herausgeber und Drucker signiert
Deckenband mit Japan-Holzfurnier-Überzug von Rudolf Schiller, Stuttgart [40 Vorzugsausgaben mit eingelassenem gravierten (Hieroglyphe) Jurastein-Titelschild] im Vorderdeckel
(Einbandabbildung auf Seite 52)

◀ die nacht

gehst du unter am westlichen horizont,
so liegt die erde im dunkel, wie tot.
die schlafenden liegen in ihren kammern,
ihre häupter sind verhüllt,
und kein auge sieht mehr ein anderes.
raubt man ihre habe unter ihrem kopf weg,
so merken sie es nicht.
alles raubgetier kommt aus seiner höhle.
alles gewürm beisst.
finsternis ist ihnen wie wärme.
die erde liegt in schweigen,
denn ihr schöpfer ruht in seinem horizont.

◀ aton und der mensch

am morgen aber leuchtest du wieder auf.
du erstrahlst am tage aufs neue als aton.
die finsternis schwindet,
sobald du deine strahlen spendest.
die beiden länder sind in feststimmung.
die menschen sind erwacht
und stellen sich auf die füsse.
du hast sie sich erheben lassen.
sie waschen und bekleiden sich,
und ihre arme erheben sich in anbetung,
weil du erschienen bist.
jedermann tut seine arbeit.

14

15

JOHANN WOLFGANG
VON GOETHE
Urworte
Orphisch [mit Begleittexten des
Dichters]

34. Druck in 70 numerierten
Exemplaren
Meersburg 1993
24 x 23 cm
15 Seiten auf holzfrei Werkdruck in
der Bodoni-Antiqua der Bauerschen Gießerei und der Romann-
Antiqua von Gebr. Klingspor,
zweifarbiger Druck
Impressum vom Drucker signiert
Papierband mit Japanseide-Überzug
von Rudolf Schiller, Stuttgart

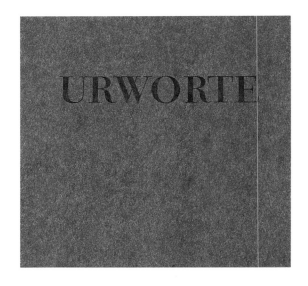

Δαίμων Der Bezug der Ueberschrift auf die Stro-
Dämon phe selbst bedarf einer Erläuterung. Der
Dämon bedeutet hier die nothwendige,
bei der Geburt unmittelbar ausgespro-
chene, begränzte Individualität der Person,
das Charakteristische, wodurch sich der
Einzelne von jedem Andern, bei noch so
großer Aehnlichkeit, unterscheidet. Diese Bestimmung schrieb man dem einwir-
kenden Gestirn zu und es ließen sich
die unendlich mannichfaltigen Bewegun-
gen und Beziehungen der Himmelskör-
per, unter sich selbst und zu der Erde,
gar schicklich mit den mannichfaltigen
Abwechselungen der Geburten in Bezug
stellen. Hiervon sollte nun auch das künf-
tige Schicksal des Menschen ausgehen,
und man möchte, jenes erste zugebend,

gar wohl gestehen, daß angeborne Kraft
und Eigenheit, mehr als alles Uebrige, des
Menschen Schicksal bestimme.
Deßhalb spricht diese Strophe die
Unveränderlichkeit des Individuums mit
wiederholter Betheuerung aus. Das noch
so entschieden Einzelne kann, als ein End-
liches, gar wohl zerstört, aber, so lange
sein Kern zusammenhält, nicht zersplitert,
noch zerstückelt werden, sogar durch Ge-
nerationen hindurch.
Dieses feste, zähe, dieses nur aus sich
selbst zu entwickelnde Wesen kommt freilich in mancherlei Beziehungen, wodurch
sein erster und ursprünglicher Charakter
in seinen Wirkungen gehemmt, in seinen
Neigungen gehindert wird, und was hier
nun eintritt nennt unsere Philosophie

6

DAS ZUFÄLLIGE

Die strenge Gränze doch umgeht gefällig
Ein Wandelndes, das mit und um uns wandelt;
Nicht einsam bleibst du, bildest dich gesellig,
Und handelst wohl, so wie ein Andrer handelt.
Im Leben ist's bald hin- bald wiederfällig,
Es ist ein Tand und wird so durchgetandelt.
Schon hat sich still der Jahre Kreis geründet,
Die Lampe harrt der Flamme, die entzündet.

7

74

JOHANN WOLFGANG
VON GOETHE
Vier Jahreszeiten

35. Druck in 100 numerierten
Exemplaren [Nummern 1 bis 45 als
Vorzugsausgaben mit handkolorier-
ten Holzschnitten]
Meersburg 1993
25 x 23 cm
21 Seiten auf [holzfrei] Werkdruck
in der Garamond und Kursiv der
Schriftgießerei D. Stempel AG
Vier Holzschnitte aus dem
Almanach de Milan, Les quatres
saisons de l'an, Paris 1791
Impressum vom Drucker signiert
Illustrierter Papierband von Rudolf
Schiller, Stuttgart

Fern erblick' ich den Mohn; er glüht. Doch komm' ich dir näher,
Ach! so seh' ich zu bald, daß du die Rose nur lügst.

Tulpen, ihr werdet gescholten von sentimentalischen Kennern;
Aber ein lustiger Sinn wünscht auch ein lustiges Blatt.

Nelken, wie find' ich euch schön! Doch alle gleicht ihr einander,
Unterscheidet euch kaum, und ich entscheide mich nicht.

Prangt mit den Farben Aurorens, Ranunkeln, Tulpen und Astern!
Hier ist ein dunkles Blatt, das euch an Dufte beschämt.

Keine lockt mich, Ranunkeln, von euch, und keine begehr' ich;
Aber im Beete vermischt euch das Auge mit Lust.

Sagt! was füllet das Zimmer mit Wohlgerüchen? Reseda,
Farblos, ohne Gestalt, stilles bescheidenes Kraut.

Zierde wärst du der Gärten; doch wo du erscheinest, da sagst du:
Ceres streute mich selbst aus, mit der goldenen Saat.

Deine liebliche Kleinheit, dein holdes Auge, sie sagen
Immer: Vergiß mein nicht! immer: Vergiß nur mein mein!

Schwänden dem inneren Auge die Bilder sämmtlicher Blumen,
Eleonore, dein Bild brächte das Herz sich hervor.

8

Grausam erweiset sich Amor an mir! O, spielet, ihr Musen,
Mit den Schmerzen, die er, spielend, im Busen erregt!

Manuscripte besitz' ich, wie kein Gelehrter noch König;
Denn mein Liebchen, sie schreibt, was ich ihr dichtete, mir

Wie im Winter die Saat nur langsam keimet, im Sommer
Lebhaft treibet und reift, so war die Neigung zu dir.

Immer war mir das Feld und der Wald, und der Fels, und die Gärten
Nur ein Raum, und du machtest sie, Geliebte, zum Ort.

Raum und Zeit, ich empfind' es, sind bloße Formen des Anschauns,
Da das Eckchen mit dir, Liebchen, unendlich mir scheint.

Sorge! sie steiget mit dir zu Roß, sie steiget zu Schiffe;
Viel zudringlicher noch packet sich Amor uns an.

Neigung besiegen ist schwer; gesellet sich aber Gewohnheit
Wurzelnd, allmählig zu ihr, unüberwindlich ist sie.

Welche Schrift ich zwei-, ja dreimal hinter einander
Lese? Das herzliche Blatt, das die Geliebte mir schreibt.

Sie entzückt mich, und täuschet vielleicht. O, Dichter und Sänger,
Mimen! lerntet ihr doch meiner Geliebten was ab!

9

Sommer

DER NEUNZIGSTE PSALM

36. Druck in 120 numerierten
Exemplaren
Meersburg 1994
25 x 15,5 cm
15 Seiten auf holzfrei Werkdruck
als Wiedergabe einer Kalligraphie
von Walter Stähle, Druck in zwei
Farben, Ziffern von ihm in zweiter
Farbe mit der Hand eingeschrieben
Impressum vom Drucker signiert
Halbgewebeband von Rudolf
Schiller, Stuttgart
[veränderte Neuausgabe des
11. Druckes]

der
neunzigste
Psalm

Herr gott, Ein Gebet Mose's, des Mannes Gottes.
du bist unsre Zuflucht für und für.
2 Ehe denn die Berge wurden und die Erde und die Welt
geschaffen wurden, bist du, Gott, von Ewigkeit zu
Ewigkeit, 3 der du die Menschen lässest sterben und
sprichst: Kommt wieder, Menschenkinder! 4 Denn
tausend Jahre sind vor dir wie der Tag der gestern

ERNST MEIR
Die Froschballade
Sonderdruck der Johannes Wagner
Schriftgießerei, Ingolstadt und der
Ernst-Engel-Presse, Meersburg,
1992, in 1500 Exemplaren, davon
300 für die Ernst-Engel-Presse
[Auftragsdruck, versehentlich als
32. Druck bezeichnet]
19,5 x 25,5 cm
14 Seiten auf antik Zerkall-Bütten
in der Delphin II von Georg
Trump, Typographie von Walter
Stähle, Linolschnitte von Felix Rie-
del, Rechberghausen, zweifarbige
Umschlagillustration von Robert
Stähle
Impressum von Verfasser, Künstler
und Drucker signiert
Englische Büttenbroschur (75 Exemplare als illustrierter Papierband)
von Rudolf Schiller, Stuttgart

Kein Blatt war da, um auszuruhn
Und den Verdauungsschlaf zu tun. [men,
Sie mußten schwimmen, dauernd schwim-
Die Wand war glatt, nicht zu erklimmen.
Das Dauerschwimmen war was Mieses,
Und schweigend taten beide dieses –
Mal rechts im Kreis, mal durch die Mitte,
Max vornedran, so war es Sitte.

Doch einmal wurde Moritz grob
Und sagte kategorisch: „Stop!"
Hier war er, wenn man überlegt,
Vom Pessimismus stark geprägt;
Indem er auf der Stelle trat,
Sprach er zu Max: „Ich hab es satt!
Wozu soll ich mich weiter plagen
Mit vollem Bauch und üblem Magen?
Denn schließlich kann - ich möchte wetten -
Das Schwimmen keinen von uns retten.
Wir gehn im brüderlichen Bunde

Hier in dem Sahnetopf zugrunde.
Ich will mich in mein Los ergeben
Und überdenk mein kurzes Leben.
Ach, jeden, dem ich wehgetan,
Den fleh' ich um Vergebung an."
     Dann gab er Max den Bruderkuß
Und machte mit dem Leben Schluß.
Klucks – machte es im Sahnetopf,
Und weg war Moritz – armer Tropf.
     Max weinte rasch ein Dutzend Tränen
In treuem brüderlichen Sehnen.
Dann zuckte es durch seine Glieder –
Und seht, der Max, er schwamm schon wieder.
Denn Max war ja der Optimist.

Hier seht ihr praktisch, was das ist.
Max sah zwar nichts, um sich zu retten.
Doch Rettung gab's, drauf wollt' er wetten.

10

Er wußte, daß aus eigner Kraft
Schon mancher sich sein Glück geschafft.
Er wollte schwimmen bis ans Ende,
Und wenn er doch den Tod noch fände.
So schwamm er planvoll hin und wieder,
Sie hielten durch, die Froschesglieder.
Und plötzlich – gleich sind wir am Schluß –
Was meint ihr, wie das enden muß?
     Max hat aus eigner Froscheskraft
Doch seine Rettung noch geschafft.
Er saß, statt elend zu versaufen,
Zum Schluß auf einem Butterhaufen.
Denn wenn man Sahne lange rührt,

Wird Butter draus, wie sichs gebührt.
Die Butter schwamm mit Maxen weiter
In Buttermilch – ist das nicht heiter?
     Max konnte es nun leicht gelingen,
Vom Butterklumpen abzuspringen.
Er tat's und kam zum großen Glück
Auch wieder nach daheim zurück.
Und als wir einmal baden waren,
Hab ich die Sache dann erfahren.
Max saß dort wieder wie zuvor
Und quakte lustig mir ins Ohr,
Als ich in seine Nähe kam
Und mir zwei Wasserrosen nahm.

11

Ausgewählte Literatur zur Ernst-Engel-Presse 1925–1994

Karl Bachler, Neue Gedichte Manfred Hausmanns
  In: Weserkurier vom 24.6.1975
Karl Beishardt, Zum alten Handwerk zurückgekehrt
  In: Bodensee-Hefte Nr. 8/1987, Seiten 70–72
Christina Egli, Buchkunst in Meersburg
  In: Bibliothek aktuell Nr. 55/1988, Seiten 44–47
Erika Dillmann, Begegnung mit Gutenberg
  In: Heimatjahrbuch des Bodenseekreises Band I,
  Tettnang 1983, Seite 111
Dorothea Grunenberg, Ernst Engel Presse Walter
  Stähle Weilimdorf bei Stuttgart
  In: Privatpressen in Deutschland.
  Hommerich, Eckhardt [1963].
Hans A. Halbey, Zu den Buchstabenbildern von
  Walter Stähle
  In: Deutscher Drucker Nr. 4/1966, Seite 4
R[einhard] H[einz], Buchstaben um Buchstaben
  von Hand gesetzt
  In: Stuttgarter Nachrichten Nr. 7/1989, Seite 15
R[einhard] H[einz], Buchstäblich ein Künstler –
  Walter Stähle aus Weilimdorf
  In: Stuttgarter NAchrichten vom 8.1.1982
Christa von Helmolt, Die wahren Jünger
  Gutenbergs
  In: Frankfurter Allgemeine Zeitung
  Nr. 230/1992, Seite 50
Susanne Kern, Professor Stähle zeigt das Schreiben
  In: Stuttgarter Nachrichten Nr. 10/1989
Arnold Kühn, Walter Stähle und die
  Ernst-Engel-Presse
  In: Illustration 63 Nr. 3/1979, Seiten 93–97
Christian Lenhardt, Die Ernst-Engel-Presse
  Walter Stähle
  In: Deutscher Drucker Nr. 44/1994, Seite 295
R. L. (Ley?), Interessanter Besuch der
  Ernst-Engel-Presse in Meersburg
  In: Deutscher Drucker Nr. 30/1987, Seite 27

Hermann Pfeiffer, Buchkunst in der Winzergasse
  In: Der Druckspiegel 9/1981, Seite 845
Hermann Pfeiffer, Drei Buchkünstler an einem
  Tisch
  In: Der Druckspiegel 2/1988, Seite 268
Hermann Rapp, Buchkunst am Bodensee
  In: Der Polygraph 18/1986, Seite 1794
H[ermann] R[app], Buchkunst in Meersburg am
  Bodensee
  In: Der Polygraph Nr. 19/1983, Seite 14
Julius Rodenberg, Ernst-Engel-Handpresse
  Offenbach A/M.
  In: Deutsche Pressen. Zürich, Amalthea, 1925.
  Seiten 69–72 und 497
Renate Schettler, Buchkunst aus großer Tradition
  In: Südkurier Nr. 171 vom 29.7.1981
Renate Schettler, Buchkunst in der Winzergasse
  In: Südkurier vom 20.4.1991
Renate Schettler, Werkstatt und Ort der
  Begegnung
  In: Südkurier Nr. 184 vom 10.8.1984
Renate Schettler, Zwischen Tradition und
  Zukunft
  In: Südkurier vom 9.9.1992
Albert Spindler, Ernst-Engel-Presse Walter Stähle
  In: Typen. Deutschsprachige Pressen seit 1945.
  Eine Bibliographie. Gifkendorf, Merlin, 1988.
  Seiten 87–89
Walter Stähle, Zur Geschichte der
  Ernst-Engel-Presse
  In: List & Francke. Antiquariatskatalog 500.
  Meersburg 1989. Seiten 198/199
Harald und Petra Süß, Besuch bei der
  Ernst-Engel-Presse Walter Stähle in Meersburg
  In: Die deutsche Schrift Nr. 1/1989, Seiten 94–98
Eberhard Wüst, Walter Stähle emeritiert
  In: FHD Intern-extern Nr. 7/1988, Seite 6

Personen- und Sachregister der Ernst-Engel-Drucke

Herausgabe, Redaktion und Gestaltung besorgte Walter Stähle
Einmalige Auflage von 1250 Exemplaren, davon 250 als Vorzugsausgabe
in Leinen gebunden und vom Herausgeber numeriert und signiert

Dieses Exemplar trägt die Nummer

Satz, Druck und Einband besorgte die Firma Kösel in Kempten,
die Reproherstellung die Firma Keim Klischees in Langen

Die Ernst-Engel-Presse dankt

der Bamberger Kaliko GmbH, Bamberg,
der Robert Bosch GmbH in Stuttgart,
der Keim Klischees GmbH in Langen,
der Kösel GmbH & Co in Kempten,
der Stiftung Kunst und Kultur der Landesgirokasse Stuttgart,
der Stiftung der Württembergischen Hypothekenbank
für Kunst und Wissenschaft, Stuttgart
und der Japico Drissler Feinpapiere GmbH & Co KG in Dietzenbach

für die freundliche Unterstützung bei der Herausgabe dieses Kataloges.